Une émeute
est le langage de ceux
qui ne sont pas entendus

Collection *Monde en cours*

www.editionsdelaube.com

ISBN 978-2-8159-5900-1

Jean Viard

Une émeute est le langage de ceux qui ne sont pas entendus

Pour une pensée postcoloniale positive

éditions de l'aube

Merci à Pascal Blanchard, historien,
pour sa relecture amicale et attentive.

Le titre de cet ouvrage est une phrase extraite
du discours de Martin Luther King
prononcé le 14 mars 1968
à Grosse Pointe High School.

[...] tous les Français, si le regard se reporte aux siècles et aux millénaires qui ont précédé notre temps, sont fils d'immigrés.

FERNAND BRAUDEL

Toute idée qui s'oppose à des intérêts préétablis retombe très vite si elle n'a pas trouvé l'engagement d'une force.

CLAUDIO MAGRIS

Préambule

Ce livre est une réflexion sur les émeutes de juillet 2023. C'est un livre d'analyse, mais aussi un livre politique sur la place que nous faisons mal à notre jeunesse immigrée. Mais le 7 octobre, je me suis interrogé. Après le massacre horrible de civils israéliens par le Hamas, puis la riposte extrêmement violente d'Israël, ne fallait-il pas reporter sa publication ? Bien sûr, il n'y a pas de lien direct entre les deux moments. Mais il y a danger. Car la double barbarie qui là resurgit, l'une d'une organisation terroriste, l'autre, en riposte, d'un État démocratique, fait basculer ce conflit presque séculaire dans une nouvelle réalité, celle de la négation de l'humanité de l'autre, qui est à la racine des totalitarismes et des fascismes. Et la France, où six cent mille Français de confession juive côtoient, parfois difficilement, plus de cinq millions de Français musulmans, est une caisse de résonance logique des conflits entre Israël et Palestine. Surtout, l'empathie y est forte avec la cause des Palestiniens privés d'un État et de droits, basée sur une solution politique à deux États suivant les frontières dites de 1967. Cette cause est devenue la figure moderne de l'injustice dans une part importante du monde méditerranéen et occidental. Elle s'est en partie substituée à la défense du capitaine juif Dreyfus et de tant d'autres violences faites hier aux Juifs, en particulier en Europe. L'extrême droite ne s'y est pas trompée, qui a déplacé sa cible de l'antisémitisme « au grand remplacement ». Partout les camps des modérés s'affaiblissent, laissant en face-à-face des extrémismes qui se nourrissent l'un l'autre, chez nous ou entre pays voisins. Il y a là une atmosphère – comme on dit aujourd'hui – qui sent furieusement les années trente.

Mais justement, n'est-ce pas le moment d'ouvrir les portes et les fenêtres ? Quand la barbarie est à son sommet, on ne peut que chercher des vengeances sans fin, ou revenir brutalement aux fondements de l'humaniste. Ce que l'Europe a su faire après 1945. Cela vaut pour le Moyen-Orient. Cela vaut aussi pour la place des descendants de colonisés dans la nation française et dans l'Union européenne. Car on a bien vu que la principale réponse du gouvernement aux émeutes de 2023 était sécuritaire. Or je crois que le temps est venu où chacun doit balayer devant sa propre porte mémorielle et, à partir de là, bâtir un projet de futur commun entre tous ses citoyens, bruns, noirs ou blancs, incroyants ou croyants, chrétiens, juifs ou musulmans.

La France des cathédrales doit rencontrer celle des mosquées et des synagogues, et celle des écoles laïques de la République. L'enjeu est la paix civile chez nous et une légitimité d'exemplarité de la parole de la France en Europe et en Méditerranée.

Ce livre sur les émeutes de 2023 est donc publié tel que prévu. Bonne lecture.

Introduction

Depuis les indépendances des anciennes colonies, et en particulier celle de l'Algérie, tous les dix, quinze ans, une déflagration part des banlieues (ou des outre-mer) et secoue la société française. Émeutes et crimes racistes de 1973, révolte dans les camps de Harkis de 1975, premières « émeutes urbaines » en 1981, marche pour l'égalité et contre le racisme (dite « marche des Beurs ») de 1983 et les deux suivantes de 1984 et 1985, marches pour les mémoires de l'esclavage de 1998, « révoltes urbaines » et « émeutes » dans l'Hexagone en 1990, en 2005 et en 2007, mouvements sociaux aux Antilles en 2009 et 2011, et, enfin, « événements » sur tout le territoire français (Hexagone et Outre-mer) au début de l'été 2023. Chaque fois – sauf la marche des Beurs qui fut une tentative d'ouverture –, une grande peur saisit le pays; chaque fois, des hordes de jeunes (hommes) brûlant dans la nuit voitures, bâtiments et commerces tiennent en haleine la France profonde et renouvellent le contrat sécuritaire entre l'État et sa police. Chaque fois, des jeunes essentiellement à la peau brune, ou noire, se mettent en mouvement contre une police et une société de plus en plus formatées aux idées brunes.

La dynamique nataliste des populations arrivées des Suds et les migrations régulières musclent de génération en génération les vagues de la révolte. Le « danger » grandit. Des filles s'y engagent. En face, des Blancs riches, chrétiens affirmés et conservateurs financent des médias aptes à mobiliser le petit peuple blanc pour la défense de la France éternelle des cathédrales. La reconstruction de Notre-Dame de Paris y fait figure de symbole. Un leader de Civitas commence même, en cet été 2023, à parler de retirer leur nationalité aux Juifs de France. Pour les peaux brunes, certains reparlent de « Français de papier ». Excès ? Dérapage ? Voire. Trente mille personnes se sont noyées depuis 2014 en tentant de traverser la Méditerranée. Plutôt des peaux brunes.

Pourtant, la société française est de plus en plus accueillante aux « étranges étrangers », de plus en plus positive sur leurs apports à notre culture et vraiment fort résiliente pour résister aux flots de discours de rejet et de mise en scène des risques. Rappelons que si 45 % des Français trouvent encore qu'il y a trop d'immigrés[1], ils ne sont que 20 % à être « tout à fait

1. Louis Maurin, « Le pourcentage de ceux qui estiment qu'il y a "trop" d'immigrés est en forte baisse depuis plusieurs années », *Le Monde*, 29 août 2023.

d'accord » avec cette opinion. Surtout, l'idée qu'il y a trop d'immigrés en France était celle de 63 % d'entre eux en 2005 et de 74 % en 1994 ! Aujourd'hui, 60 % des Français pensent que « l'immigration est une source d'enrichissement culturel ». Enfin, ils sont 3 % seulement à se déclarer « plutôt racistes », et 15 % « un peu ». Dans une société si fortement en perte d'avenir, surtout dans les milieux populaires, ces chiffres montrent une évolution positive surprenante. La logique du bouc émissaire fonctionne mal.

Même si, il est vrai, d'autres études donnent des résultats légèrement différents, en particulier après les périodes d'attentats. Rappelons-nous le sondage Ifop de juillet 2017 où le terrorisme était alors la première préoccupation des Français et où, bien que cela fût inexact, ils étaient 85 % à penser que le nombre d'étrangers vivant en France avait augmenté sur les cinq dernières années. La visibilité négative des attentats modifiait donc la perception objective des réalités, 38 % des sondés trouvant alors l'islam incompatible avec la société française. Ce qui montre un « effet attentats », comme il y a un « effet émeutes urbaines ».

Allons-nous encore longtemps nous enfoncer dans ces spirales successives de violences et de peurs ? Allons-nous enfin prendre conscience de l'effet que le traitement réservé à « notre jeunesse brune » en France – mais aussi dans la traversée du Sahara et de la Méditerranée – a sur les idéologies radicales, en particulier salafistes, chez nous, mais aussi chez les centaines de millions de jeunes d'Afrique francophone qui regardent vers le Nord ? Croyons-nous vraiment pouvoir continuer à chanter les valeurs du modèle démocratique et laïque, ici et en Afrique, devant de tels spectacles ? Quels liens établir entre les coups d'État militaires en Afrique de l'Ouest et les violences dans nos banlieues ? À chaque fois, l'avenir par l'éducation et la démocratie paraît être battu en brèche par l'alliance des armes et des trafics. Demain, en 2050, 450 millions d'Européens seront face à 2,5 milliards d'Africains[1]. Peut-on encore espérer que la France soit la grande Sorbonne de la jeunesse de cette Afrique-là et de son développement écologique et économique ? Ou sera-t-elle sa ligne Maginot ? Des livres ou des kalachnikovs ? Quant à rêver au « chacun chez soi », nous savons depuis des millénaires qu'il est, ici, absurde.

De ces choix où nous saurons, ou non, entraîner notre société dépend largement l'avenir de notre propre cohésion sociale, mais aussi l'avenir d'un développement harmonieux, ou non, entre l'Europe et son Sud. Les quelques millions de maltraités chez nous et en Europe

---

1. Stephan Smith, *La ruée vers l'Europe*, Paris, Grasset, 2018.

ont un rôle de loupe pour ceux qui regardent du Sud nourri des mémoires coloniales. Paradoxalement, plus nous sommes inhospitaliers aux enfants des anciennes colonies, plus le codéveloppement sera impossible ; partant, plus l'Afrique et la Méditerranée seront pauvres et nous enverront par nécessité des vagues de plus en plus incontrôlables de migrants.

Plutôt que d'ergoter pour réécrire l'histoire coloniale, celle de l'Empire ottoman ou des croisades, il est temps de faire une place aux peaux brunes, musulmanes ou non, et à leurs cultures. Il est temps de penser et d'aimer une France où les liens charnels par les corps prolongent, qu'on le veuille ou non, les liens noués à une autre époque par des dominations d'États. Espérer cette France métisse rassemblée dans un projet afro-méditerranéen et européen est un saut mental gigantesque pour chacun et pour le récit national. Ne pas le vouloir ni le réussir entraînera sans doute le « grand remplacement » que craignent tant ceux qui ne regardent que la terre sous leurs semelles. Comme disait Bernard Tapie en riant : « Vous trouvez qu'il y a trop d'Arabes ici ? C'est encore pire autour de mon riad à Marrakech ! » C'est avec cette projection-là qu'il faut penser pour ne pas faire advenir ce que l'on craint et pour préparer une France multireligieuse et multiculturelle plus puissante qu'elle ne l'a jamais été, enfin respectueuse des valeurs de citoyenneté issues de 1789. Celles justement que nous avons refusées aux autochtones dans nos colonies et qui ne sont pas clairement respectées aujourd'hui dans les « quartiers » de ce que nous nommions jadis « la métropole ».

Les grandes émeutes de l'été 2023

Un jeune a été tué. En France. Un jeune Français. Nahel. Nahel Merzouk. Un jeune Arabo-musulman de 17 ans. Un jeune au volant d'une voiture qui ne lui appartenait pas, un jeune qui n'avait pas le permis et qui fonçait sur une voie de bus, refusant les injonctions de la police à stopper. Il a été tué après que sa voiture a été immobilisée par un embouteillage. Un jeune a été tué par un policier, un jeune de plus, après d'autres – seize jeunes tués en dix-huit mois en France[1]. Certains Français (ou étrangers) se sentent particulièrement visés parce qu'ils ont la même couleur de peau, la même religion, et souvent la même situation familiale, le père étant parti, 61 % des émeutiers arrêtés vivaient dans une famille monoparentale ; dans le cas qui nous concerne, parti avant même la naissance. Un enfant élevé seul par sa mère, pour qui il est tout, son fils et « l'homme » de la maison. Élevé dans une culture traditionnelle et sans doute

1. De janvier 2022 à juin 2023.

très révolté. En refus d'autorité aussi. Manque de père, rejet de la figure du père. Haine de la France peut-être même, pas sûr, pas tous. Mère admirable, souvent. Aux États-Unis, les mamans apprennent à leurs fils « de couleur » à ne jamais courir devant un policier. En France, faudra-t-il apprendre aux jeunes des quartiers à ne pas fuir en voiture devant un policier ?

La société française a été bousculée par le torrent de colère de ces jeunes, par leur violence. Des émeutes, des pillages. Tous les vingt ans, à chaque génération depuis 1973 – dix ans seulement après 1962. Des écoles, des mairies, des bibliothèques en feu. Les « leurs », dans « leurs quartiers ». Et des pillages, de plus en plus dans les centres-villes, des marques qu'ils préfèrent. Pas partout, souvent dans des villes moyennes. Cinq cent trente-trois communes concernées. Plus de 700 millions d'euros de dégâts. Les « quartiers bruns » (de peau). « Brun » d'extrême droite aussi. Pensons à *Matin brun*[1].

Nous venons de vivre une tragédie. La police a protégé les vies plus que les commerces ou les bâtiments publics. Logique. Une violence extrême, des bavures – à Marseille, mais pas seulement. Soixante-sept pour cent des policiers ont voté RN au premier tour de la dernière présidentielle. Ne pas oublier. On dirait la guerre de deux bandes. Quarante-cinq mille policiers

1. Franck Pavloff, *Matin brun*, Devesset, Cheyne, 1998.

contre cinquante mille émeutiers d'après Jérôme Fourquet. Le ministre de l'Intérieur, lui, en a lui compté neuf mille (c'est vrai qu'il faisait noir !), dont quatre mille en état d'arrestation – pour 90 %, Français, et pas tous bruns. Trente pour cent de mineurs. Des copains blancs, aussi. Bande de jeunes. Dealers parfois. Comment ne pas comprendre leur colère ? Mais aussi la fête, la transgression partagée. Le début de grandes vacances sans projet. Les bourgeois blancs ont eu peur : pendant quelques jours la peur avait changé de camp. La peur ne doit pas nous empêcher de penser.

Combien étaient-ils, ceux qui participaient aux émeutes ? Et ceux qui les soutenaient ? Quelques millions, qui ne se sentent chez eux nulle part. Cette partie de la société est française pour l'essentiel, mais elle ne se sent pas telle. Elle ne se reconnaît pas comme française, dans son rapport avec la police, bien entendu, dans son rapport avec le marché du travail, dans son rapport avec les codes culturels français. La présidente de la région Île-de-France a dit : « Il faut leur pourrir leurs vacances. » Mais, Madame, ces jeunes ne partent pas en vacances ! La plupart du temps, l'été, ils font élection principale de pieds d'immeuble dans des territoires goudronnés surchauffés, avec peu de nature, peu d'ombre, peu de filles. Celles-ci les regardent d'en haut, par les fenêtres. À nouveau, on a entendu « Français de papier ». Terrible mémoire. Moi, j'entends surtout : pénurie d'amour.

Jérôme Fourquet écrit :

> Ainsi, ce sont d'abord des jeunes (l'âge moyen des personnes interpellées est de 17 ans, soit l'âge de Nahel), la plupart du temps des garçons (comme Nahel), issus pour beaucoup de l'immigration, vivant dans un quartier populaire et ayant un rapport tendu voire conflictuel avec les forces de l'ordre qui ont participé à ces émeutes[1].

Quarante et un pour cent des interpellés « étaient connus » des services de police.

La *France profonde* a une fois encore été terrorisée par cette révolte brutale. Les gens qui connaissent bien ces territoires l'attendaient, mais, au fond, on pourrait l'attendre en permanence. Chaque nouvelle génération se construit dans ces révoltes. Événements de 1973, de 1983, de 2005. Ceux qui ont eu 15 ans ou 20 ans en 2005, aujourd'hui sont des adultes, des parents, des pères de famille. Ceux de la *Marche des Beurs*[2], encore avant eux, sont mariés ou en couple, grands-parents avec des petits-enfants. Mais leur chemin vers l'âge adulte a dû passer par ces grandes révoltes

1. Jérôme Fourquet, « Émeutes : premiers éléments de diagnostic, *Ifop Focus*, n° 236, 4 juillet 2023, p. 9.
2. Toumi Djaïdja, *La Marche pour l'Égalité*, La Tour-d'Aigues, l'Aube, 2013.

qui les constituent en générations. Peut-être, d'ailleurs, faut-il commencer à compter à partir du 1er novembre 1954 et de « la Toussaint rouge[1] ». Aujourd'hui, la génération covid se révolte. En France, mais aussi en Afrique francophone, quand elle n'est pas tenue sous la botte. Une génération qui a été traumatisée, comme dans toutes les sociétés, par le covid. Et puis les choses explosent, avec plus de violence sans doute, mais de même qu'il y a plus de violence dans les couples, dans les stades, sur les routes, dans les guerres. Dans la politique. Le cataclysme covid nous a tous mis sous pression et nous a donné un énorme désir de changement, de mouvement, de déménagement, de nature, de voyage. Alors que pour certains, la nature, le voyage, le changement, c'est au même endroit, avec les mêmes personnes, et le sentiment de faire du surplace.

Le meurtre de Nahel a soulevé des dizaines de quartiers (2 508 bâtiments publics dégradés), mais aussi des villes moyennes, avec des phénomènes très différents, de colère politique, d'envie de hurler : « Ça suffit ! », de pillages et de monômes aussi. « On a envie de vivre, on a envie d'avoir notre place, on a envie d'être là, on a envie d'être reconnus, respectés. » On a droit à notre dignité, dirait la philosophe Cynthia

1. Série d'attentats en Algérie à l'origine de la guerre d'indépendance de l'Algérie.

Fleury[1]. Dans ce mouvement se sont glissés des dealers, les milliers de gens qui vivent du trafic de la drogue, notamment haschich et cocaïne, qui en ont parfois profité pour « nettoyer » le territoire, attaquer un maire qui menait le combat contre eux, se cacher derrière l'émotion et la souffrance pour élargir leur business. On l'a vu à Aulnay-sous-Bois.

On a vu aussi des mises à sac, comme à Marseille – une ville multicommunautaire où la jeunesse ne se révolte généralement pas, mais où quatre cents boutiques ont été systématiquement dévalisées par des jeunes très organisés. Ce pillage a un sens. Raphaël LLorca, communicant, dit que nous sommes dans une société de marques[2], dans une société du « tu as des Nike », « tu n'as pas de Nike », « tu as un téléphone Apple », « tu as un téléphone chinois »… Il y a aujourd'hui une appartenance définie par les marques et un récit national porté par elles, puisqu'il n'y a plus de récit politique – sauf d'extrême droite. La marque se fait récit à la place laissée libre par le récit politique.

La plupart des pillards vont être arrêtés, car ils revendent sur Le Bon Coin. Quatre mille procès. Ça n'a aucun sens, surtout que, souvent, ils ont volé des objets qu'ils ont déjà.

---

1. Cynthia Fleury, *La clinique de la dignité*, Paris, Seuil, 2023.
2. Raphaël LLorca, *Le roman national des marques*, La Tour-d'Aigues, l'Aube, 2023.

Mais là, c'était l'abondance. Mise à niveau, aussi, des équipements. En France, chacun achète en moyenne cinq paires de chaussures par an. Pas ces jeunes-là. En une seule fois, ils ont peut-être eu les cinq paires de chaussures que nous achetons, les uns et les autres. Mais ils n'ont pas eu le temps de faire attention à la pointure ! D'où Le Bon Coin.

Cette question des marques est très importante, dans une société d'hyper consommation où ceux qui ne consomment pas se sentent exclus. Une société touchée par l'inflation. On voyait des enfants tout fiers de pousser un Caddie rempli de produits volés dans un supermarché en disant : « Je ramène ça à maman. » Oui, je ramène ça à maman, parce que maman, dans son frigo, il n'y a rien. Donc un Caddie volé, c'est un cadeau du ciel, quelque chose de magnifique, même si c'est scandaleux. D'un coup, on peut enfin atteindre ce que tout le monde veut atteindre. Le ruissellement de la société de consommation. Facile de dénoncer ces vols en sortant du restaurant.

Et puis, il y a ceux qui font de la politique. Il y a des réseaux gauchistes, des politiciens, des black blocs ou autres, qui structurent la révolte dans certains territoires. Un refus de l'État qui fait attaquer des bâtiments publics, jusqu'à ceux des pompiers. Des émeutiers ont, par exemple, brûlé le bus qui servait au contrôle cardiaque des mamans de leurs quartiers, d'une utilité essentielle. On peut trouver ça absurde. C'est absurde. Mais en même temps, c'est la seule façon que le signal passe, parce que c'est l'absurdité du geste qui en fait la force et qui fait qu'on en parle. S'il y avait des entreprises, ils s'y attaqueraient peut-être. Ou alors ils iraient y travailler… et seraient plus calmes ? De toute façon, il n'y en a pas. Alors ils attaquent ce qu'il y a, des symboles de l'État. Un État qui leur saupoudre les moyens, un État qui sous-investit dans ces territoires. Un État qui leur rend effectivement des services, rénove les immeubles, relie les territoires, mais il en reste le sentiment que ces services matériels ne sont pas à la hauteur des besoins, ne sont pas à la hauteur des demandes. Surtout, qu'il y manque le spirituel, l'horizon, le sens, la direction du chemin, le respect. Le projet partagé. « Restez chez vous, les mecs, on va mettre la clim ! » Ou comment ne pas voir les corps bruns dans la ville blanche.

La question doit demeurer ouverte. Sinon, dans vingt ans, nouvelle explosion. Plus forte, plus dure. Déjà en 2016, 18,8 % des jeunes hommes naissant en France portaient un prénom arabo-musulman (avec les réserves statistiques d'usage)[1]. Neuf pour cent des adultes français se déclarent

1. Jérôme Fourquet, *L'archipel français*, Paris, Seuil, 2019.

musulmans. Dans des familles qui ont plus d'enfants que les autres. Avec des migrations de Méditerranée et d'Afrique qui peuvent être plus ou moins réduites, mais jamais arrêtées. Le réchauffement climatique va plutôt accélérer les migrations. Les dictatures militaro-religieuses aussi. Et « la guerre des ventres », comme on dit en Palestine, leur est favorable. Les jeunes mamans des milieux populaires, souvent issues de l'immigration, ont plus d'enfants que les mamans diplômées, qui, à 34 %, déclarent ne pas en vouloir. Cette même « guerre des ventres » leur fut favorable en Algérie à l'époque coloniale. De trois millions en 1830, les « musulmans » étaient passés à dix millions en 1962. Pour un million de pieds-noirs. Le paradoxe terrible est que les jeunes qui prennent tous les risques pour rejoindre la France y viennent pour la liberté, pour les valeurs que la France diffuse. Valeurs magnifiques, mais par trop réservées, de fait, aux corps blancs. Depuis toujours.

En effet, qu'ils soient nés en France ou immigrés récents, la France trace une délicate et fine ligne de démarcation entre « eux » et « nous » par de constants contrôles d'identité. En moyenne, les jeunes hommes bruns entre 14 et 35 ans sont contrôlés cinq à six fois plus souvent qu'un jeune homme blanc du même âge – ce loin de toute infraction.

Au « faciès »[1]. La peau, sa couleur, est ainsi la première ligne de distinction, de marquage de « la » différence. Comment ne pas comprendre que lors de colère collective, cette jeunesse cherche sa revanche, et violemment, sur cette police chargée de lui dire « non » ? Une police qui faute de formation longue est très largement autoformée de génération en génération depuis la guerre d'Algérie. Certes, une partie de cette police a ses racines dans une culture de gauche issue des forces de la Résistance qui y furent intégrées après la Libération. Demeure dans cet univers encore très masculin une culture viriliste de solidarité forte, nécessaire pour faire « corps » dans une société où la police est aussi, souvent, le dernier rempart d'un pouvoir fragile. Mais culture largement autotransmise – dans la police plus que dans la gendarmerie, où tous les gendarmes sont sous-officiers après une année de formation.

Penser aussi « crétins numériques », comme dit l'historien Achille Mbembe en parlant des jeunes Africains déscolarisés, ou non scolarisés, drogués aux réseaux sociaux et

1. Slim Ben Achour, « En France, “le contrôle d'identité au faciès est un problème systémique, structurel, institutionnel” », *Le Monde*, 1er août 2023.

aux jeux numériques[1]. Valable également en France pour une bonne partie des cent mille jeunes décrochés scolaires annuels. Monde complotiste, de la force virile, de l'homme fort. Le peuple ouvrier avait une culture de groupe et un outil révolutionnaire, le Parti. Ces jeunes n'ont aucun espoir de ce type pour changer le monde, « leur » monde, sauf la violence, le coup d'État, le dictateur et le repli sur soi religieux. Les anciens combattants de 14-18 ont eux aussi vécu un traumatisme, qui a amené aux dictatures de l'entre-deux-guerres. Aujourd'hui, au travers des diasporas transméditerranéennes circulent des valeurs et des forces non démocratiques, tant les démocraties ont été trafiquées au Sud et méprisantes au Nord. Cette jeunesse non citoyenne qui tous les jours voit mourir ses frères et ses cousins dans la traversée du Sahara ou de la Méditerranée, comment ne serait-elle pas portée par des haines, de la violence, des activités illicites ? Trafic de drogue, bien sûr, d'abord.

Mais on peut retrouver des crétins numériques dans des forces de l'ordre mal formées et peu encadrées. Une petite part de la police. Le ministre de l'Intérieur ne se plaignait-il pas

1. Achille Mbembe, « Les putschs en Afrique de l'Ouest annoncent la fin d'un cycle qui aura duré près d'un siècle », *lemonde.fr*, 4 août 2023.

à l'Assemblée nationale, en 2023[1], de la difficulté à travailler avec des jeunes aussi peu formés ? Avec le même culte du chef, de la solidarité de groupe, des vérités relatives, des valeurs viriles ? L'idée qu'une bonne raclée discrète est plus apprenante qu'une peine avec sursis ? L'idée de l'absurdité d'une politique antidrogue aussi inefficace ? Surtout pour le haschich.

Bien sûr, on peut encore attendre. Il y aura à nouveau, dans quinze ou vingt ans, pour la génération suivante, une explosion grave, plus grave. Il y a eu tous ceux qui sont partis en Syrie, ceux qui se sont engagés dans le jihad, ceux qui y sont morts. Leurs frères, leurs cousins, leurs amis. Les revenants, leurs enfants. Beaucoup de jeunes filles les ont accompagnés. Les barbes, les voiles portés par 26 % des dames arabo-musulmanes en France, sont bien souvent un marqueur de solidarité, substitut de *L'Humanité dimanche* vendu hier sur le parvis des HLM et des usines. La culture musulmane a largement pris la place sociale et politique laissée libre par la disparition de l'idéologie communiste. L'islamisme est le nouveau Kuomintang. Se rapprocher de l'islam affiche une solidarité avec les exclus, les réprouvés, les rejetés, les bronzés. L'abbé Pierre, peut-être,

1. Audition de Gérald Darmanin devant le Sénat sur la gestion des émeutes, juillet 2023.

se serait fait musulman ! En face, dans une société déchristianisée, amplement individuée, une vague populiste se renforce, se durcit et se rapproche de la prise de l'État. La France politique brune contre la France des corps bruns. Une France en silo contre une France des mobilités et des diasporas.

Aussi ce n'est peut-être pas aux deux groupes qui s'affrontent la nuit qu'il faut demander des comptes, sauf certains cas particuliers. Plutôt aux politiques. À ceux qui écrivent le récit français, et à ceux qui écrivent le récit algérien. Ou d'autres récits en Afrique. À ceux qui torturent, en Syrie ou en Irak. En Iran ou en Afghanistan. À ceux qui martyrisent les femmes. À ceux qui gouvernent, à ceux qui informent. À ceux qui rêvent de retrouver aujourd'hui la France de 1830. Celle d'avant. Celle où l'Afrique était terre inconnue, ou presque. Et loin. Très loin. Pas à se noyer à trente mille en Méditerranée pour traverser « la mer au milieu des terres ». Pour atteindre cette République contre laquelle, peut-être, ils déverseront ensuite leur haine, celle de survivants déçus. Cette République française qui, là-bas, à Alger, en Afrique de l'Ouest et ailleurs, est dénoncée jour après jour par des despotes dont le pouvoir tient à un fil – souvent tenu de l'étranger. Le fil de la haine, de l'exagération, du refus de la mémoire de la période française. De la langue française. Mieux vaut le russe ! Wagner. Ce bourrage de crâne qui traverse la mer sur des bateaux de fortune.

Martin Luther King disait qu'une « émeute est le langage de ceux qui ne sont pas entendus ». Oui, c'est un langage. Un langage à décrypter, à écouter. Un langage qui attend un autre langage, une réponse, un dialogue. Sanctions, autorité. Punitions. Bien sûr. Mais un langage, surtout. Une place, surtout ! Avec leurs corps, leurs religions, leurs mémoires, leurs rêves. Dans une France laïque, républicaine. Une Europe écologique et démocratique. Bien sûr. Oui. Mais avec eux. Des Français en devenir maintenus aux lisières. Et l'islam avec une place culturelle et architecturale affirmée.

Réfléchir à ces questions m'amène souvent à repenser au film *Le Parrain*[1] et au rôle de la mafia américaine. Solidarité de communauté méprisée, trafics et défense des valeurs religieuses, violence et arrangements avec la loi, territoire de refuge au sud, autorité du Parrain comme substitut à l'autorité républicaine. Jusqu'à l'intégration et à la fin de la prohibition de l'alcool. Une prohibition, de 1920 à 1933, aux États-Unis, sur la pression des extrémistes protestants. Toujours ces moralistes dominateurs ! Aujourd'hui, les drogues toujours, la prostitution toujours, la « garde » des chantiers, le travail… au noir, mais aussi

1. *Le Parrain*, film de Francis Ford Coppola sorti en 1972.

un immense besoin de solidarité, de proximité, d'échange de services, d'une société parallèle de soins… Le tout structuré par l'islam et ses formes politiques. Avec des familles éclatées… L'islamisme tient-il la place sociale de l'ancienne mafia ? Mâtinée de PC ?

François Mitterrand disait : « Nous sommes Français, nos ancêtres les Gaulois, un peu Romains, un peu Germains, un peu Juifs, un peu Italiens, un peu Espagnols, de plus en plus Portugais, peut-être, qui sait ? Polonais, et je me demande si déjà nous ne sommes pas un peu Arabes[1]. » Quand environ 20 % de la population est d'origine afro-méditerranéenne[2], il est temps de penser ce nouveau groupe dans le corps de la nation et l'évolution de la nation qui en découle. Juste temps ?

Parallèlement, cessons de faire peur à notre société en racontant une société de plus en plus violente et une violence portée par les peaux brunes ! Le taux de délinquance des immigrés n'est pas supérieur à celui des Français[3]. Les immigrés en tant que groupe sont plus

1. Allocution à l'occasion du colloque sur « La pluralité des cultures » organisé par la Fondation France-Libertés à la Sorbonne, Paris, 18 mai 1987.
2. Stephen Smith, *La ruée vers l'Europe*, Paris, Grasset, 2018.
3. Arnaud Philippe et Jérôme Valette, « Immigration et délinquance : réalités et perceptions », *La lettre du CEPII*, n° 436, avril 2023.

délinquants que la moyenne des autres groupes, mais pas si on tient compte de l'âge et du sexe, du lieu de résidence et des problèmes de papiers. Alors, les écarts s'effacent, car les immigrés sont plus jeunes, masculins et frontaliers que les autres habitants ; or les hommes sont plus délinquants que les femmes et les jeunes sont plus délinquants que les autres. De plus, dans le taux de délinquance des immigrés, sont compris les « sans-papiers », évidemment délinquants « par nature ». Méfions-nous des discours sur la violence immigrée, car ils sont dangereux. Les chercheurs concluent : « En définitive, les immigrés ne sont pas plus enclins à commettre des infractions que les personnes nées dans leur pays d'accueil[1] », excepté pour ceux qui n'ont pas accès au marché du travail. Mais 51 % des Français le pensent pourtant.

En outre, l'indicateur global des meurtres en France est passé de 1 600 à 800 ou 900 par an sur vingt ans, et encore, dans les 800 ou 900, beaucoup sont liés au trafic de drogue – qui relève d'un autre débat : faut-il légaliser le haschich ? Les attaques à main armée ont quasiment disparu. Les féminicides, par contre, ne reculent pas – 118 en 2022 –, ni les incestes et autres agressions sexuelles, que l'on trouve dans tous les milieux. Mais on constate, c'est vrai, l'augmentation d'une certaine forme de

1. Arnaud Philippe et Jérôme Valette, « Immigration et délinquance… », 2023, art. cit.

violence interpersonnelle, notamment autour des services publics. On a le sentiment que les « services » publics, l'école, l'hôpital, nous coûtent cher et rendent mal « service ». Là, il y a une violence en réaction. Elle est réelle, elle est incontestable. Une agressivité, des injures, des crachats. *Idem* envers les hommes politiques. Il ne faut pas dire pour autant que la société est plus violente. En revanche, elle est plus sensible à la violence. Nous sommes une société plus âgée et où les femmes ont acquis une grande autonomie, y compris de mobilité ; en conséquence, le taux de la violence « acceptable » a changé parce qu'il y a plus de gens « fragiles » dans l'espace public. Cela ne veut pas dire qu'il y a une augmentation de la violence. On peut par contre dire que les médias mettent la violence en avant à chaque occasion.

Une logique de leurre

Pour aller plus loin, je dirai des choses simples. On a monté un système de leurre pour masquer la question postcoloniale. On parle de « quartiers », alors qu'ailleurs dans le monde on parle de « faubourgs ». On parle de « politique de la ville », alors que ce n'est pas la « politique de la ville », c'est la politique de ses périphéries. « Référendum » sur l'immigration pour dire « place des immigrants dans la République ». On pourrait multiplier sans fin la liste des mots exacts absents, comme si on voulait faire disparaître le sujet. On interdit les statistiques ethniques et on n'a même pas de mot pour désigner l'ensemble des populations issues de l'ancien empire colonial présentes en France – dont 3,2 millions de Français ayant au moins un parent pied-noir (chiffre de 2012). On fait sans cesse des études d'opinion, mais sans ces catégories-là. En août 2023, j'étais sur un plateau de télévision, on me dit : « Vingt pour cent des Français qui aimeraient bien partir en vacances ne partent pas » et on me sort des chiffres sur le niveau de revenu, l'âge, le genre, etc. Certes, mais n'est-ce pas d'abord la couleur de peau le critère discriminant, sauf sur certaines plages des grandes villes littorales, en particulier Marseille et Toulon, et au sud de Narbonne ?

« Immigrés » ? « Réfugiés » ? « Deuxième génération » ? « Français de papier » ? « Quartiers » ? « Politique de la ville » ? « Intégration » ? En d'autres temps, on parlait des « événements d'Algérie » (pour ne pas dire « la guerre »). « Opération spéciale », entendons-nous en ce moment à l'est de l'Europe. Comment bousculer ces logiques de leurre ? Comment cesser de déguiser en « quartiers » des faubourgs ? Quartiers de quoi ? Tout le monde habite un quartier. Pourquoi parler de « milieux populaires » ? Et les Gilets jaunes, ce n'étaient pas des milieux populaires ? Et « politique de la ville » ? Ailleurs, ce n'est pas la ville ? Ce langage de leurre est le signe du déni de la présence postcoloniale de millions de Français, élevés en Français, parce qu'ils sont enfants des colonies. Venus en France par différents chemins, cherchés par nous pour nos usines, réfugiés politiques des dictatures sanglantes du Sud, missionnés ici par leurs parents afin qu'il renvoient une part de leur salaire au pays pour faire vivre la famille.

Dans la rue, au supermarché, dans le métro, les corps noirs et arabes se montrent comme tels, noirs et arabes. Le ressenti est visuel et non statutaire. Les sondages dont on nous pollue l'esprit jour après jour ne connaissent que le classement par métier ou revenu, âge, genre, lieu de naissance. Ils fonctionnent comme des filtres masquant le réel des corps et des trajets. Comme des discours de dilution des différences. De disparition, d'effacement.

Je ne suis pas un spécialiste des banlieues ni de l'immigration. Seulement un citoyen, sociologue, doté d'une certaine légitimité dans mon métier. Mais j'ai vécu les banlieues. Étudiant, je travaillais dans un centre social des quartiers nord de Marseille pour arrondir mes fins de mois. Plus tard, en 2012, je fus élu conseiller municipal de Marseille dans les 2e et 3e arrondissements – les plus pauvres de la ville. Puis vice-président de la métropole. Je parcourus la cité, rencontrai des associations, des entrepreneurs... La ville avait bien changé, le « nord » était rongé par le trafic de drogue. Je revins là où j'avais travaillé après 1968, c'était désolant. Le sud de la ville et Euroméditerranée sur l'arrière-port étaient en plein développement. Je m'étais fait élire pour transformer le Vieux-Port en agora de la cité et tendre un lien Nord-Sud. Un vaste chantier. Magnifique. Quatre-vingts millions d'euros de travaux. De la belle politique. Mais les « quartiers » nord restaient... au nord et loin, sans transport en commun, avec des écoles dans des états catastrophiques, des milliers de « travailleurs de la drogue ». Certains des élus autour de moi n'y étaient jamais allés. Deux cent cinquante mille habitants, pourtant. Pour comprendre ce que j'ai toujours considéré comme « ma ville », j'ai écrit sur elle et lu beaucoup de très bons travaux sur les quartiers populaires. Par exemple, *La Fonction-miroir*, dirigé par Michel Marié, en 1977[1], ou *En finir avec les banlieues ?*, dirigé par Thomas Kirszbaum[2], en 2015.

En France, l'interdiction de statistiques ethniques – puisque la République est « une et indivisible » ! – masque les évolutions réelles de la société et semble vouloir occulter les réalités démographiques. Cela favorise l'extrême droite, car « On nous cache sûrement quelque chose ! On nous ment ! » Aux États-Unis, il y a eu négociation pour décider d'une dénomination : afro-américain ou *Black American* ? Et depuis 1960 chaque citoyen choisit son appartenance communautaire lors des recensements, suivant une règle d'auto-identification. En France, c'est le statut juridique qui détermine la catégorie : immigré, descendant d'immigrés, musulman, réfugié, sans-papiers... Toujours, le vrai chiffre de la communauté culturelle et de la couleur de peau est masqué.

1. Michel Marié (dir.), *La fonction-miroir*, Paris, Galilée, 1977.
2. Thomas Kirszbaum (dir.), *En finir avec les banlieues ?*, La Tour-d'Aigues, l'Aube, 2015.

D'où l'utilisation de méthodes de mesure discutables : les prénoms à la naissance, le déclaratif religieux, l'estimation des sans-papiers, les réfugiés… Vingt-cinq pour cent des détenus ont suivi le ramadan en prison en 2017, soit 17171 sur 69504.

On est face à une réalité ethnique et culturelle, mémorielle, qu'on voudrait dissoudre, faire disparaître. Près de 20 % de la population française a des parents qui ont vécu dans les anciennes colonies françaises. À une ou deux générations. Je donne exprès une fourchette large puisque les chiffres sont tous contestés et difficiles à vérifier. En Europe, des dizaines de millions de personnes sont liées au monde afro-méditerranéen. On pourrait se poser la question d'avoir un 28e État européen, avec un statut d'observateur, qui regrouperait l'ensemble des populations issues d'Afrique et de Méditerranée, et, pour l'essentiel, de nos anciennes colonies. Ceux qui viennent des colonies anglaises sont généralement en transit vers l'Angleterre, pays qui s'organise par communautés. Société encore aristocratique où les communautés sont donc enracinées dans l'histoire des hiérarchies sociales.

Presque tous les derniers arrivants sont nés dans la culture musulmane, sauf… les Ukrainiens, bien sûr. Mais près de la moitié de leurs enfants se considèrent comme moins religieux que leurs parents[1], 7 % plus et 40 % autant. Demeurent la dimension culturelle et la solidarité des opprimés. Demeurent d'autres dimensions sociales, économiques, familiales dans la question des banlieues. Par exemple, 40 % des logements des quartiers nord de Marseille sont occupés par des femmes seules avec enfants, et le cœur de la pauvreté, en France, c'est chez le 1,7 million de mamans seules avec enfants. Elles sont généralement peu diplômées, sans permis de conduire, et leurs charges familiales nuisent à leur intégration par le travail, d'autant que les « quartiers » sont presque toujours excentrés… puisque ce sont des faux-bourgs ! Ces mamans travaillent alors à temps partiel, et souvent en horaires décalés.

La principale pauvreté, en France, on la trouve chez les salariés à temps partiel subi, majoritairement des femmes, et très souvent des mamans isolées. Chez les chômeurs en fin de droits, aussi. Des populations pour qui la mise en place d'une sécurité sociale alimentaire de 150 euros par personne et par mois en bons de fruits et légumes, pain, lait, viande, serait une solution intelligente[2], car on ne

1. Cris Beauchemin, Christelle Hamel et Patrick Simon (dir.), *Trajectoires et origines ; enquête sur la diversité des populations en France*, Paris, Ined, 2016.
2. Ingénieurs sans frontières-Agrista, « Créons une sécurité sociale de l'alimentation pour enrayer la faim », *Reporterre.net*, 18 mai 2020.

pourra jamais payer à plein temps des salariés à temps partiel. Or le Smic est calculé comme un « minimum de vie ». À mi-temps, on mange un jour sur deux ?

Aujourd'hui, il y a une culture musulmane qui incarne cette solidarité et qui donne des cadres à une jeunesse « informelle ». Il y a des gens qui s'en rapprochent pour marquer cette solidarité. On sait aussi qu'il y a des convertis, par exemple, parmi les terroristes. Et il y a ceux qui ont vu là un électorat important et une manière de fabriquer des citoyens par la démocratie. Même si on ne devient pas musulman, c'est ce groupe social et culturel qui structure les territoires des quartiers en matière de symbole et de solidarité, parce que l'islam est devenu le lieu des réprouvés dans les sociétés européennes (et ailleurs). On le voit bien dans les émeutes : de nombreux gamins sont Blancs. Comme dit le ministre de l'Intérieur, « Il y a eu beaucoup de Kevin et Matteo[1] » ; mais le cœur culturel de la bande, ce sont les descendants des immigrations successives.

Pour limiter et contrôler les flux migratoires, la lutte contre les passeurs est essentielle. L'humain ne doit pas devenir une marchandise, ni dans les migrations, ni dans la prostitution. Mais ne pas confondre les passeurs avec les phénomènes eux-mêmes. Alain Tarrius

1. Lors de son audition devant la commission des Lois du Sénat, le 5 juillet 2023.

a bien documenté le « libre » choix, avant la guerre actuelle, de milliers de jeunes femmes russes et ukrainiennes de venir se prostituer en Europe afin d'accumuler un capital de départ pour créer des entreprises en Russie ou en Ukraine[1]. Parallèlement, les flux migratoires ne sont pas créés par les passeurs et les sociétés mafieuses. La pauvreté et la violence des pays de départ y jouent un plus grand rôle, ainsi que notre refus de favoriser une libre circulation régulée dans l'espace francophone pour la jeunesse à former, les emplois dont nous avons besoin ou les retours au pays pour la retraite. Les Allemands sont en train de mener une politique intelligente. Ils favorisent la binationalité. À mon avis, c'est une bonne politique. Je pense que quelqu'un qui vient du Mali sera toujours un Malien, même s'il devient Français. Il est Français et Malien. D'ailleurs, ça se voit. Ça évite cette réaction idiote de dire : « Mais, *en fait,* il est Français. » J'assistais à un congrès de producteurs laitiers, il n'y a pas très longtemps, qui réunissait deux cents ou trois cents responsables laitiers européens. À un moment, un intervenant se lève, c'était le seul Noir, et il dit : « Je représente les éleveurs du Danemark. » Forcément, la salle sursaute, et il vaut mieux le prendre à la rigolade. Ce n'était pas méchant. Un peu idiot, mais assez prévisible.

1. Alain Tarrius, *Trafics de femmes*, La Tour-d'Aigues, l'Aube, 2022.

Le problème n'est donc pas d'abord celui de l'immigration de demain, mais celui du « déjà-là » qui se développe par naissance « locale ». Le sociologue et démographe François Héran écrit qu'ils sont « près de 7 millions, soit 10,3 % de la population », et cela n'inclut pas « la seconde génération dont les effectifs sont du même ordre de grandeur[1] ». Ce groupe social et culturel, dans notre époque numérique et touristique, est sans cesse reconnecté avec les pays d'origine et les familles « au pays », les vacances rassemblant les familles larges souvent un an sur deux. Adopter une politique de ligne Maginot risque d'être aussi efficace qu'en 1940 ! La bataille de l'intégration doit être menée avec d'autant plus de force, pour que se développent en parallèle chez chacun deux cultures. Or ce n'est pas le cas en France.

Parler de référendum sur l'immigration n'a pas beaucoup de sens. Que faire du « déjà-là » ? De nos besoins de main-d'œuvre ? De notre rôle de formateur d'une part de la jeunesse du Sud ? L'Allemagne, éternellement coupable de la Shoah, a su s'ouvrir aux migrants de Méditerranée. Elle ne pouvait pas rejouer le drame raciste. Mais la France ? La mémoire de la guerre d'Algérie et de l'histoire coloniale nous bloque. Et la solution n'est pas à chercher à Alger ni ailleurs dans l'ancien empire,

1. François Héran, *Immigration: le grand déni*, Paris, Seuil, 2023.

elle est à chercher ici, dans notre propre société entre « nous », avec nos jeunes bruns, blancs ou noirs, avec l'islam. À l'inverse, même, il faut penser cette importante population afro-méditerranéenne comme un laboratoire à l'échelle de notre nation. Nous devons acquérir des savoir-faire pour préparer les arrivées futures et intégrer suffisamment les déjà-là pour que se pose non plus la question de leurs origines, mais celle de leur capacité maintenant acquise à intégrer eux-mêmes de nouveaux arrivants. La politique de l'autruche et du contrôle policier est une stratégie à courte vue apte seulement à effrayer tous les Français observateurs des évolutions du monde ou manipulés par le camp de la haine et de la mémoire coloniale.

Les migrations sont une des faces de la mondialisation et de l'augmentation du peuplement sur terre. Le journaliste Serge July, nourri du livre de François Héran, écrit dans *Libération* du 17 septembre 2023 :

> De 1999 à 2020, le nombre d'immigrés au sens de l'Insee est passé de 4,4 à 6,8 millions, soit une augmentation de 56 % très supérieure à celle de la population française, limitée à 11 %. Cette hausse n'est pas typiquement française. Sur la même période, selon l'ONU, nous sommes passés, poursuit-il, de 173 millions d'immigrés à 281 millions, soit une hausse de 62 %. Et la France n'est donc pas le pays le plus attractif. En Europe, sur

les 2,33 millions de demandes de protection déposées entre 2014 et 2020, la France n'en a reçu que 106 000[1].

Certes, la plupart des migrations se font entre pays voisins, mais l'univers francophone postcolonial est une forme de voisinage sans cesse réactivé par des liens familiaux.

La grande difficulté vécue en France est le « déni permanent », écrit la journaliste Marie Charrel sur la place des immigrés dans le processus industriel français[2]. La France, pays paysan jusque dans l'après-guerre, fait monter par l'école les meilleurs enfants de la campagne vers l'administration et les services. Cela reste sa culture de fond. La mine et l'industrie, qui sont tardives en France, se développent avec des bras étrangers. Selon Nicolas Dufourq, directeur général de la Banque publique d'investissement, l'industrie française « s'est historiquement construite grâce à la main-d'œuvre étrangère : les Italiens dans la Lorraine de la fin du XIXe siècle, les Polonais dans les années trente, ou les Portugais et les Nord-Africains entre 1965 et 1975[3] ».

---

1. Serge July, « Immigration, l'épreuve de la vérité », *Libération*, 17 septembre 2023.
2. Marie Charrel, « Comment le travail des immigrés contribue à limiter la pénurie de main-d'œuvre en France », *Le Monde*, 22 septembre 2023.
3. *Ibid.*

À chaque crise économique, on expulse massivement ces travailleurs et l'extrême droite se mobilise, comme le montre très bien l'historien Gérard Noiriel dans ses travaux. Et depuis la fin du XIXe siècle, les mêmes arguments xénophobes resurgissent régulièrement : le fantasme de la submersion démographique et la crainte des étrangers », dit Laurent Dornel, historien[1]. La politologue Catherine Wihtol de Wenden poursuit : « Cela explique pourquoi la classe politique française également prisonnière des amalgames avec le problème des banlieues et la question coloniale non digérée échoue, aujourd'hui encore, à mener une politique migratoire rationnelle[2]. » Cela peut expliquer aussi en partie le recul massif de l'industrie française depuis vingt ans, pour limiter l'arrivée de travailleurs issus de l'ancien empire. Mieux vaut délocaliser les entreprises en Asie que risquer d'ouvrir la porte à de nouveaux arrivants. Ainsi, « la France accueille moins d'immigrés que ses voisins sur cette période : plus 36 % en France pour plus de 75 % en Allemagne, 121 % dans les pays nordiques et 181 % en Europe du Sud[3] », qui reste pourtant la plus accueillante, culturellement, aux immigrés. Ce « déni français » est encore

1. Cité par Marie Charrel, « Comment le travail des immigrés... », 2023, art. cit.
2. *Ibid.*
3. *Ibid.*

à l'œuvre quand on parle de décivilisation, car c'est cela que les gens entendent : trop d'immigrés, trop de musulmans, trop de délinquants, trop de dealers. Nous y reviendrons.

Pourtant, la France métissée postcoloniale est déjà là, l'Europe métissée postcoloniale est déjà là. Il y manque, en France, l'esprit de tolérance et de compromis, l'esprit du renouveau de l'aventure française et continentale. La redécouverte des valeurs de 1789 et de 1848. Mais faire croire à l'arrêt des migrations est aussi absurde que l'idée que le nuage de Tchernobyl s'était arrêté à nos frontières. Combattre l'extrême droite et ses idées ne peut se faire que par la vérité des chiffres et des faits, et la proposition d'une contre-attaque par la fidélité à une histoire, à des valeurs humanistes et à des projets d'utilité et d'enrichissement de tous grâce aux arrivants. Le reste est manipulation. Malheureusement, la France de 2024 est nourrie au biberon idéologique de l'ex-FN, né avec des anciens d'Algérie, et ceux qui essayent de capter l'électorat des descendants d'immigrés, avec un certain succès il faut le dire, les isolent en même temps par leurs excès. Il faut d'abord déconstruire les leurres et les dénis pour ouvrir la voie à un vivre-ensemble dans une société démocratique et laïque. Reprendre sans évaluation les propos outranciers sur les violences policières ou l'abaya est une nouvelle forme, à finalité clientéliste, du déni du réel et de l'absence de volonté d'inventer un vivre-ensemble postcolonial différent. Le silence après le véritable pogrom perpétré par le Hamas en Israël, en octobre 2023, en est un rémoignage supplémentaire. Dommage.

Les faubourgs de la République

« Les immigrés » forment une communauté, mais, à la différence des Corses ou des Bretons, ils n'ont pas de région propre de référence. Leurs régions, y compris familiales et de vacances, de retraite aussi parfois, sont à l'extérieur du territoire national. Aussi l'État ne cesse-t-il de leur désigner les « quartiers "politique de la ville" » comme territoire. S'il y a là une centralité, c'est une centralité afro-méditerranéenne, une centralité sans cesse retravaillée par les nouveaux arrivants, qui sont encore très proches de leurs cultures d'origine. C'est une centralité travaillée par la force de l'islamisme, du salafisme[1], qui se développe dans une partie de ces populations. Il y a là, pour nombre « d'entre nous », un territoire qu'on voudrait écarter par zonages, éloignement, invisibilité. Un territoire qui devrait disparaître, s'estomper on ne sait comment, une population qu'on voudrait ne pas voir, ne plus

1. Pierre Conesa, *État des lieux du salafisme en France*, La Tour-d'Aigues, l'Aube, 2023.

voir, des jeunes qu'on voudrait dilués dans la société, qu'on voudrait ne voir que courant sur les stades ou faisant du rap, voire nous fournissant en drogues, et que nous supportons à peine d'apercevoir, parfois, dans ces métiers du propre et du sale, du chaud et du froid, ou de la sécurité que nous ne voulons pas faire.

Durant les émeutes de juin 2023, j'ai déjeuné par hasard avec un préfet de région et nous avons discuté de la situation. À la fin, devant ses hésitations, je lui ai dit : « Vous savez, ils ne seront jamais ni blonds ni catholiques, ce n'est pas la peine d'espérer ! » Pourtant, c'est ce que beaucoup de gens attendent.

Des quartiers mal reliés, isolés, des minorités qu'on ne voit pas, des gens qui sont en marge, qui vivent entre eux. Entre eux. Merci. Et devraient muter, on ne sait comment, en bons Français de souche.

Et puis : qui garde les enfants le soir, quand les mamans solos font le ménage de nos bureaux ? Qui a l'autorité, quand l'homme de la maison, c'est le fils ? Il a 10, 12 ans, c'est quasiment déjà l'homme de la maison et il est un point d'appui pour sa mère. Les filles ne sont pas dans la même logique, parce qu'elles sont généralement beaucoup plus mûres, réussissent mieux dans les études. Elles ont des fonctions de mère de substitution, elles s'occupent des petits frères et sœurs, elles sont responsabilisées par les mamans, alors que les garçons sont vénérés. Le rapport est différent. Et avec les filles, il n'y a pas la mémoire encore vive des combats de la guerre d'Algérie. La mémoire des viols a été occultée sous de grands voiles noirs.

La France du XXIe siècle peut-elle accepter la place que prend cette communauté née en son sein, une communauté qui a des codes culturels différents, une religion différente, des couleurs de peau différentes ? Dans cette communauté, il y a des Maghrébins, des Africains, des Moyen-Orientaux. Ils ne font pas toujours groupe. Ils sont différents les uns des autres, il peut y avoir de multiples conflits entre eux, mais vu de la « France historique », ce sont les derniers arrivants, et ces derniers arrivants représenteront bientôt un Français sur cinq.

Une fois qu'on a dit cela, examinons les problèmes l'un après l'autre. D'abord, « les quartiers ». On est le seul pays au monde à parler de « quartiers ». Lisons Thomas Kirszbaum[1]. Partout ailleurs on parle de faubourg, parce que les territoires où habitent ces descendants d'immigrés sont des territoires en périphérie des villes où arrivent ceux qui viennent de l'extérieur. Une fois arrivés là, ils se diffusent peu

1. Thomas Kirszbaum (dir.), *En finir avec les banlieues ?*, 2015, *op. cit.*

à peu dans la ville. Pourquoi appelons-nous ces lieux des « quartiers » et pas des faubourgs ? En disant « quartiers », on désigne aux arrivants un lieu d'installation. Si on disait « faubourgs », on désignerait un autre projet, celui qu'ils traversent ces territoires pour entrer dans la ville. En employant le mot « quartiers », on désigne le projet qu'ils y restent, puisque, soi-disant, ce seraient des quartiers de la ville. Le mot à lui seul dit déjà le message que nous voulons communiquer. D'ailleurs, le plus gros problème que nous rencontrons dans ces territoires, ce sont les grands ensembles en copropriété, où on a poussé ces populations à acheter, à des conditions souvent très favorables, pour les enraciner encore plus.

Lieux invivables et en cours de paupérisation accélérée, car ces grands ensembles, que l'on est heureusement en train de détruire ou de racheter, sont impossibles à gérer pour des gens qui n'ont pas l'argent nécessaire à leur entretien et aux charges. Or un grand ensemble coûte cher à entretenir. Ils deviennent donc des lieux en déliquescence, de sous-location, de marchands de sommeil, de perte de valeur, et de violences pour se faire payer les loyers qui sont absolument inimaginables – de gros bras viennent encaisser avec des battes de baseball ! Ces situations existent parce qu'on a créé quelque chose d'absurde : une assignation à demeurer par la propriété, alors que ce sont normalement des territoires de passage.

Le mot « quartier » dit beaucoup, comme dit beaucoup l'expression « politique de la ville », alors que, justement, ce n'est pas de la ville, c'est de la bordure de ville. C'est une frontière qui se gère entre l'Afrique et l'Europe, entre ceux qui arrivent et ceux qui sont déjà là.

Donc, première question, ce débat sur le mot, qui est essentiel. Il faut remettre en place une politique des faubourgs, des lisières de la ville, où passent des humains en lisière de la société. Ça veut dire qu'il va falloir réfléchir à la façon de donner les outils, notamment à cette jeunesse, pour entrer dans la société et non pas se sédentariser sur place. Leur proposer en particulier des études servant ce projet-là.

Deuxième question : ces faubourgs, est-ce que les gens y demeurent tous ? La réponse est non. Tous ceux qui réussissent, trouvent un bon emploi, s'en vont. Les filles réussissent mieux que les garçons (dans les mêmes écoles !), ce qui est vrai dans tous les milieux, mais là plus qu'ailleurs. Les études spécialisées montrent bien que la différence de réussite scolaire est plus liée au milieu social, au niveau d'étude de la mère, au genre, qu'à la couleur de peau ou à la religion[1]. Cinquante-quatre pour

1. Yaël Brinbaum, « Trajectoires scolaires des enfants d'immigrés jusqu'au baccalauréat : rôle de l'origine et du genre », *Éducation et formations*, n° 100, décembre 2019.

cent des enfants des « quartiers » atteignent un niveau bac contre 77 % des jeunes d'une génération[1]. Rappelons que « les filles de la deuxième génération ont rattrapé celles de la population générale au niveau du bac – avec davantage de bacs technologiques. À l'inverse, parmi les garçons le taux est plus bas, 61 à 64 %[2]. » Il faut dire les choses avec précision et relativiser les situations. Un effort est donc nécessaire, mais la distance n'est pas énorme.

Cependant, la distance entre leurs faubourgs et les universités, les aspirations de leurs familles, une médiocre confiance en soi, ne favorisent pas, même pour ceux-là, des études longues. Plus orientés tout au long de leurs études vers des secteurs techniques puis des « bacs pro », ils rencontrent là un nouvel obstacle. Malgré ces difficultés, une bonne partie de ces jeunes, majoritairement des filles, avancent dans la société.

L'Insee a réalisé une analyse, en 2021, sur les jeunes vivant dans des familles du dernier décile de revenus et parvenus, eux, au premier décile. Ils ont dégagé quatre profils types : des

1. Thomas Couppié, Pascal Dieusaert, Mélanie Vignale, « Que deviennent les jeunes des quartiers prioritaires de la ville après leur bac ? », *Bulletin de recherches Emploi Formation*, n° 391, 2020.
2. Yaël Brinbaum, « Trajectoires scolaires des enfants d'immigrés… », 2019, *op. cit.*

enfants d'immigrés récents, des enfants ayant déménagé et changé d'école, des enfants d'Île-de-France, et des enfants dont l'un des parents a un peu fréquenté l'université. Cette étude révèle que les enfants d'arrivants ont souvent une volonté féroce de prolonger la voie empruntée par leurs parents et que cette volonté peut se perdre s'il y a installation dans les « quartiers ». Des politiques de mobilité familiale peuvent donc favoriser la promotion sociale.

On peut voir le verre à moitié plein ou à moitié vide. Mais si on tient compte du handicap de départ, en particulier pour les jeunes qui viennent d'Afrique noire, où les écoles sont souvent d'un niveau très faible, qu'est-ce que ça nous désigne ? Que ce qu'on affiche, ce qu'on met en scène, c'est la partie qui ne marche pas. On oublie de mettre en scène la partie qui marche, c'est-à-dire ceux qui réussissent dans les études, qui s'accrochent malgré des écoles aux moyens insuffisants, malgré la carte scolaire, malgré la xénophobie... Ils sont presque la moitié des jeunes. Et ceux-là, leur but, c'est de quitter le quartier. Leur but, c'est de se diffuser dans la société, et c'est ce qu'ils font. Peu à peu, la part des habitants de ces « quartiers » qui se diffusent dans la ville et qui intègrent les couches moyennes, la bourgeoisie urbaine, constitue la face intégrée et « respectable » de cette communauté afro-méditerranéenne. Cette mue sociale modifie les stéréotypes de lecture qui induisent la mise à distance. Elle va favoriser peu à peu une intégration sociale et politique d'une part croissante de la « communauté ». Mais le chemin sera long. Le même bar qui refuse de servir un ouvrier agricole marocain sert sans problème un cadre d'origine algérienne, car la mise à distance est au moins autant sociale, voire mémorielle, que physique. La pauvreté visible est perçue comme une maladie transmissible, pas la couleur de peau.

Alors, on voit à la télévision, issus de ces minorités, des médecins, des gens qui ont réussi de longues études, des journalistes, des avocats – ces jeunes adorent les études de droit (se protéger ?) et de sciences économiques (faire du business ?) – ou des études moins prestigieuses, assez techniques. Ceux qui restent dans les faubourgs, ce sont ceux qui n'ont pas atteint le niveau pour en partir. Par conséquent, quand on dit « moyenne des revenus dans les faubourgs », c'est la moyenne des revenus dans les faubourgs *une fois enlevés ceux qui, justement, se sont intégrés dans la société* par le travail et par les études. C'est « le reliquat ». Et ce reliquat, ce sont d'abord les décrochés scolaires, et tous ceux qui, pour une raison ou pour une autre, de structuration familiale défaillante ou de refus, n'ont pas travaillé. On trouve ce type de profil dans tous les milieux – moins densément, mais dans les « quartiers », il y a peu de deuxième chance, car les réseaux familiaux sont peu aptes à créer des opportunités pour se « rattraper aux branches ».

Sauf en se tournant vers ceux qui vivent d'activités illégales, de drogue, de prostitution, tous ceux qui restent dans les « quartiers » parce que c'est là qu'ils font leur business – revenus non déclarés, bien sûr, dans les statistiques de revenus. Pour eux, la vraie réussite, c'est de devenir suffisamment riche pour retourner au Maghreb, et pour beaucoup d'entre eux, notamment par le trafic de drogue. Le but d'un trafiquant de drogue, le rêve, c'est la station-service ou le salon de coiffure à la sortie d'Alger ou au Maroc. C'est de réinvestir au Maghreb l'argent, si la vie ne lui a pas été ôtée, qu'il aura pu accumuler. Les plus riches investissent à Dubaï.

Vous avez donc des quartiers qui stockent des décrochés scolaires ou des gens qui vivent dans « le parallèle », et puis les derniers arrivants, au fur et à mesure que ceux qui réussissent à faire des études s'en vont, ou… progressent par le football, le rap… Regardez Zidane. Il ne vit plus dans son « quartier », il est le signe d'un mouvement beaucoup plus général.

Il y a sans cesse de nouveaux arrivants, qui viennent directement d'Afrique et des pays méditerranéens, qui ont beaucoup souffert pour venir en France, qui sont culturellement proches de leur pays d'origine, porteurs de valeurs culturelles traditionnelles et fréquemment nourris par des discours anticoloniaux, notamment en Algérie, pays dirigé par une dictature militaire qui s'appuie sur les discours antifrançais pour légitimer son pouvoir. Les jeunes arrivants sont formatés ainsi et on dirait que l'indépendance a été gagnée la semaine dernière…

De ce fait, ces quartiers sont sans arrêt « tirés en arrière culturellement » par les derniers qui arrivent – souvent imprégnés de l'immense vague conservatrice qui traverse le monde arabo-musulman –, et ils sont « affaiblis en avant » par ceux qui s'en vont construire dans d'autres territoires une classe moyenne afro-méditerranéenne ! On est dans ce mouvement.

Dire « faubourgs », c'est dire « lieux de passage », ce qui implique que la question qui nous est posée, c'est de savoir comment on aide à partir ceux qui sont encore là. Si on veut les aider à partir, il faut se demander ce qu'ils peuvent apporter à notre société.

Rappelons ici qu'une part des immigrés qui arrivent sont plus diplômés que la moyenne des Français, en particulier quand ils fuient des guerres, comme les Syriens ou les Irakiens. Vingt-sept pour cent des personnes nées en France ont un diplôme du supérieur, mais 43 % des arrivants chinois, 37 % des Roumains, 35 % des Vietnamiens, 32 % des Polonais, 27 % des Sénégalais. Ce qui est moins vrai des Tunisiens, 21 %, et des Marocains, 19 % – souvent employés dans l'agriculture –, et des Italiens ou des Espagnols[1].

La place de ces arrivants dans notre société pourrait être réfléchie en pensant au modèle communautaire marseillais. Dans cette ville, chaque communauté a son quartier totémique : Beaumont, c'est le quartier des Arméniens, Menpenti, le quartier des Italiens, etc. Ce sont des lieux qui symbolisent l'inscription de la communauté dans la ville. Mais la plupart des habitants de ces quartiers ne sont pas du groupe communautaire. Beaumont n'est pas habité majoritairement par des Arméniens, Menpenti n'est pas habité majoritairement par des Italiens, mais tous les Italiens de Marseille savent que le quartier symbolique, c'est Menpenti. La salle des fêtes de Beaumont, c'est la salle des fêtes des Arméniens, même s'ils habitent partout dans la ville et même dans la région. Seuls les deux cent cinquante mille musulmans marseillais n'ont pas de quartier totémique, et ils n'en auront pas tant que cette ville n'aura pas de grande mosquée ni de centre culturel musulman.

Ainsi, un territoire devrait juxtaposer des lieux culturels totémiques, symboles des communautés et des cultures, des religions, et

1. Hugo Baudino, « Quand les immigrés sont plus diplômés que les Français », *La Tribune*, 16 février 2017.

une diffusion du peuplement communautaire dans l'ensemble de la cité au fur et à mesure de la redistribution professionnelle et sociale des derniers arrivants et de leur descendance. L'absence de quartier totémique et de lieux symboliques, salle des fêtes et des mariages, cimetières, églises, mosquées, synagogues, noms de place et de rue…, ne permet pas la continuité culturelle et sociale entre les membres de communautés diffusées dans la cité.

Pour renforcer ce travail d'égalité symbolique de chacun dans la République, on devrait commencer par un renforcement du rôle de la citoyenneté en multipliant les communes à l'intérieur des métropoles. Les métropoles devraient devenir des fédérations de communes unifiées par un président élu au scrutin direct. La transformation du Mirail à Toulouse ou des quartiers nord de Marseille en communes dans leur métropole placerait leurs habitants et leurs notables au même niveau que les autres. Leurs élus seraient à la table locale du pouvoir et l'ensemble des services publics seraient des sources d'emplois locaux aptes à mixer le peuplement. Les actuelles mairies centrales pourraient disparaître et devenir le siège exécutif des métropoles. Les grands ensembles de plusieurs milliers d'habitants devraient aussi avoir vocation au statut communal. Les habitants y deviendraient des citoyens ayant prise sur leur réel, leurs écoles, leurs salles des fêtes, leurs crèches, leurs policiers, leurs jardins et leurs politiques d'évolution écologique de la cité... Réfléchissons sous cet angle, remplaçons le mot « quartier » par celui de « faubourg », ayons l'idée que ce sont des lieux de passage. Transmettons cette politique du passage, ce qui implique que les cultures qui sont les leurs entrent dans la ville. Il faut permettre à chacun d'entrer dans la ville avec fierté.

J'avais proposé, il y a presque une dizaine d'années, que chaque région construise une grande mosquée, de façon qu'il y ait au moins une grande mosquée régionale, un grand centre culturel, un grand centre de formation des imams lié à une université[1]. Si déjà il y en avait une par région, dans la ville capitale, sur une grande place de la ville !... Quand 9 % des gens déclarent avoir des pratiques religieuses liées à l'islam, qu'ont-ils comme lieu pratique et symbolique ? La plus grande mosquée de Provence est à Carpentras. Logique ? Il y a à peu près autant de musulmans qui vont à la mosquée chaque semaine que de catholiques à l'église, qui ont environ quarante-cinq mille lieux de culte pour moins de 4 % des croyants qui vont à la messe[2]. Les Français qui se déclarent catho-

1. Jean Viard, *Quand la Méditerranée nous submerge*, La Tour-d'Aigues, l'Aube, 2017, p. 29-31.
2. « Religion, croyance et espérance : l'état des lieux », sondage réalisé les 20 et 21 septembre 2022, *odoxa.fr*.

liques sont plus nombreux, bien sûr, mais leur nombre a été divisé par deux ces douze dernières années, d'après les études – à cause de la pédophilie, mais pas seulement. Le modèle de l'Église catholique, avec ce rapport vicieux à la sexualité, ces hommes qui n'ont pas le droit d'avoir des rapports avec les femmes, avec le fait que les femmes n'ont pas le droit d'avoir des responsabilités, est historiquement archaïque au-delà des valeurs que porte la religion.

Ces lieux, disions-nous, sont donc des faubourgs. C'est ainsi qu'ils sont appelés dans les autres pays. Autour des villes, il y a des zones périphériques, souvent plus dégradées que le centre, avec des problèmes de bruit, de violence, etc. Le but, c'est d'en sortir, et donc de passer à travers le faubourg. Les appeler « quartiers » est une façon de dire : « Demain, ce sera de la ville. » Mais ce ne sera jamais de la ville, parce que ce sont des faubourgs. La ville, ce n'est pas ça. La ville, ce n'est pas la périphérie. Certes, quelques-uns de ces quartiers peuvent « devenir de la ville », être érigés en communes, profiter du RER étendu d'Île-de-France ou du tram de Marseille, mais ces cas particuliers ne peuvent devenir logique générale. Ces faubourgs ont vocation à être des lieux péri-cité, à la fois sas et porte, zone de formation et d'acculturation.

Or la politique de l'Anru, qui améliore les logements de ces quartiers, pousse parfois les habitants en promotion sociale à s'y établir ; 67 % des logements reconstruits seulement conservent des loyers bas ou modérés[1]. Il y a débat chez les chercheurs, cela mérite approfondissement. Tous les « quartiers » ne sont pas dans la même dynamique. Mais soyons sensibles au risque de ghetto, alors que l'objectif affiché était d'attirer de l'extérieur des populations plus intégrées pour un métissage du quartier. Il faut dire les choses simplement : au fur et à mesure de la concentration des derniers arrivants, les travailleurs « blancs » ont quitté le quartier vers les lotissements périurbains pour devenir propriétaires, mais aussi pour ne pas cohabiter. Ce peuple des villes éloigné de la cité fut la base du mouvement des Gilets jaunes. C'étaient des citoyens de l'extérieur à qui on aurait dû laisser un droit de vote dans la ville, car c'est là qu'est leur lieu de référence totémique. La carte communale est ici obsolète, et la démocratie, absente. Et quand des descendants d'immigrés en promotion sociale accèdent eux aussi à cet habitat périurbain, qui est devenu l'habitat populaire principal de la ville, quand arrivent des corps bruns intégrés à la culture de la cité, on parle de « HLM horizontal » et il y a, alors, risque

1. Béatrice Giblin et Simon Ronai, « Nous mesurons aujourd'hui combien il est plus facile d'agir sur le "bâti" que sur le peuplement et les pratiques sociales », *Le Monde*, 8 août 2023.

de baisse de la valeur des biens. Et vote RN. Imparable.

L'entrée dans la ville, c'est un trajet vers le centre qui fait qu'on intègre la communauté des citoyens qui forment cité et qu'on se diffuse dans le territoire de la cité tout en gardant ses références totémiques. Les leurres mis en place avec les mots « politique de la ville », « quartiers », nous reviennent dans la figure comme un boomerang. Nous avons à réapprendre le chemin de l'arrivant, celui de beaucoup de nos propres ancêtres venus de la campagne, d'Europe ou de l'empire, à baliser ce chemin, à le valoriser et à le cadrer. Ainsi nous refabriquerons des Français, bruns, noirs, musulmans aussi, qui auront une place dans une France nouvelle, postcoloniale, fière de son histoire et de sa mémoire. On a bien intégré les « hérétiques » vaudois ou cathares, les chouans et tant d'autres ! À chaque fois, à la fin, nous nous sommes enrichis. Il n'est pas question de revisiter la période coloniale, mais de valoriser le commun, notamment linguistique et culturel, physique et amoureux, juridique aussi, voire financier (franc CFA), que nous y avons acquis ; un commun que les élites locales de la décolonisation ont souvent choisi de diffuser dans leurs peuples, par leurs choix linguistiques et juridiques, pour unifier leurs nations renaissantes et garder, de fait, un lien culturel avec l'ancien colonisateur. Mais ici, « en métropole », nous n'avons pas commencé à penser et à valoriser l'aventure postcoloniale. Nous la cachons, essayant de l'oublier. Or c'est impossible s'il n'y a pas un travail d'histoire et de mémoire en partage. À titre d'exemple, nous sommes encore incapables d'imaginer en France un musée d'histoire coloniale où toutes les mémoires et tous les récits seraient présents. Les émeutes sont alors des piqûres de rappel.

Penser une jeunesse biculturelle comme un atout

Par conséquent, que se passe-t-il ? La droite annonce « qu'il faut retrouver la France des cathédrales ». Je suis très favorable à la France des cathédrales, ce sont des œuvres d'art extraordinaires, sauf qu'il y a environ 4 % des Français qui assistent encore au culte catholique et 8 % aux grandes fêtes religieuses[1]. La référence au « monde chrétien » ne concerne plus qu'à peine 38 % des Français. Les pratiquants musulmans sont presque aussi nombreux que les pratiquants catholiques et, surtout, la société est de plus en plus areligieuse. La montée des radicalités dans les diverses religions, extrêmement visible dans l'islam, ne doit pas masquer le recul général du religieux. Cinquante et un pour cent des Français se disent sans religion en 2023. On peut même penser que c'est le recul du fait religieux qui rend les pratiquants restants plus

1. « Religion, croyance et espérance : l'état des lieux », 2022, sondage Odoxa cité.

agressifs, car la « société civile », comme on dit, leur a échappé. Très visible chez les jeunes catholiques.

Mais, plus largement, on ne retrouvera pas cette France-là, parce qu'on a eu un empire colonial et que la biculturalité est définitivement inscrite dans les corps de la nation – et dans son récit, pour une minorité en forte croissance. Aussi je crois qu'il faut retourner l'argument. Il faut dire : ces jeunes, ils ont l'air décrochés scolaires, et ils le sont. Ils sont prêts à vivre de trafic de drogue pour une partie d'entre eux, et ils le font. Ils ont été violents, ils se sont défoulés, ils se sont explosé la tête parce qu'ils n'en peuvent plus et aussi parce qu'ils ont été emportés par un mouvement collectif stimulé par le numérique, etc. Ces jeunes, parfois, ils portent le voile ou la barbe. Oui, bien entendu.

Mais ils ont une double culture, ils sont tous biculturels. Ils connaissent tous la culture de la France, plus ou moins bien, et la culture du pays de leurs parents, plus ou moins bien. Jouons cela comme un atout et une fierté. C'est là où est leur richesse, parce que c'est là, au XXIe siècle, qu'il va falloir que nos entreprises développent des liens économiques afin de construire des biens publics autour de la Méditerranée et en Afrique. Construire des routes, des ponts, des barrages, des parcs éoliens, des capteurs solaires, des centrales nucléaires. Éduquer. Soigner. Tous ces grands travaux vont transformer l'Afrique, devraient transformer l'Afrique. On a, chez nous, des gens qui sont capables de parler les langues de ces pays, que ce soit au Mali, au Sénégal, en Algérie, en Tunisie, au Maroc, en Syrie… Ils en possèdent la culture, l'amour des lieux et la mémoire.

Cette part de nous-mêmes, considérons-la comme un vivier d'ambassadeurs biculturels des liens Nord-Sud et Sud-Nord, de futurs ambassadeurs de notre développement industriel et économique. Il faut former les jeunes dans ces directions, vers le numérique, l'intelligence artificielle, pour qu'ils aient des emplois de commerciaux, de techniciens, etc., et que ce soit eux qui relaient nos entreprises vers le Sud pour notre bénéfice, certes, mais aussi pour le bénéfice du monde afro-méditerranéen, un monde de bientôt 2,5 milliards d'habitants. Et pour ne pas laisser les Chinois développer des systèmes hors sol où ils amènent le financement, la main-d'œuvre et les bénéfices, etc. Ou des compagnies comme Wagner.

C'est là qu'est l'avenir de notre jeunesse. C'est d'être l'avant-garde de ce combat économique et écologique, et l'avant-garde du développement des grandes entreprises européennes. Il y a là une fonction, une utilité, une nécessité. Qu'on leur donne cette fonction, qu'on les forme pour ces métiers. Que, dans ces quartiers, ce soit ce type d'écoles qu'on mette en place, des écoles qui enseignent le numérique, le nucléaire, l'énergie, l'agriculture, l'urbanisme et l'adaptation des villes au réchauffement climatique. Il y a là un énorme enjeu, et d'abord celui de les diriger vers un rêve, une utilité, un besoin, et de cesser de « les compter comme en trop » sauf pour les boulots que nous refusons de faire. Il faut penser l'Europe comme la « Sorbonne du Sud », le lieu des apprentissages du droit, de l'économie, des métiers de techniciens, des savoirs écologiques. Pensons notre système éducatif dans une logique de jumelage de nos appareils éducatifs et scientifiques, car l'Europe a encore là, pour longtemps, un avantage considérable. Pensons notre jeunesse brune ou noire comme figure positive à offrir aux jeunesses du Sud, pour attirer chez nous les meilleurs éléments de ces pays-là. Le XXIe siècle est celui du face-à-face d'une part âgée du monde, Occident et Chine, et d'une part jeune. Ce décalage appelle les migrations. Mouvements humains de la mondialisation, à penser non en quantité de migrants, mais en qualité et en projets, partagés ou non. Faire l'autruche mène à la décadence et à la guerre.

La transformation agricole et énergétique de l'Afrique est parmi les enjeux les plus importants du XXIe siècle. Les jeunes des faubourgs doivent aller dans les écoles agricoles, ils doivent apprendre les techniques d'irrigation, la maîtrise d'une agriculture biologique, la gestion des forêts, et la biomasse, le vent, le solaire, pour renforcer les formateurs de l'Afrique de demain. Ne pas oublier qu'au bout du faubourg commencent les champs… La Grande Pandémie a réorganisé les voies du commerce. Le risque de rupture des flux est apparu au grand jour pour des causes sanitaires, écologiques, militaires, voire idéologiques, remettant au centre des débats les flux de proximité et les flux dans des espaces idéologiquement homogènes. Le temps de l'hégémonie de la Chine paraît dépassé. L'Inde cherche sa place, mais la France et l'Europe ont une carte à jouer pour localiser au sud les entreprises utilisatrices de main-d'œuvre. C'est d'ailleurs le seul vrai moyen de réduire les mobilités migratoires Sud/Nord. Cette réflexion vaut en particulier pour la Tunisie, pays de départ des migrants, mais pas seulement. C'est au cœur de cette stratégie du XXIe siècle que les formations adaptées à notre jeunesse biculturelle prennent tout leur sens. Là, et dans la force traditionnelle de la France, depuis Colbert, à gérer des biens publics produits par des entreprises privées (Vinci, Total, Bouygues, Dassault, Suez…), eau, assainissement, routes, ponts, barrages, bâtiments publics, armement, forêts, énergie…

Il faut construire cet objectif « Sud » français et européen par l'économie, par les entreprises, la transmission des savoirs, la transmission des connaissances. Pour cela, il faut donner aux jeunes des faubourgs ces connaissances et tirer des lignes de savoirs Nord-Sud dans les deux sens. Il ne faut pas considérer que ces jeunes vont pousser la brouette parce que leur père l'a fait et que leur mère a fait des ménages. Ce type d'activité n'est pas génétique !

La société française ayant largement laissé partir son industrie, à la différence de la société allemande, elle ne dispose plus de cette machine à intégrer « le blouson noir », comme on disait dans les années soixante-dix, qu'était l'usine. Parmi ceux qui ont fait de mauvaises études, beaucoup auraient pu travailler dans une usine fordiste, mais les usines ne sont plus fordistes. Ce n'est pas seulement qu'il n'y a plus d'usines, c'est qu'elles sont automatisées et que pour y travailler, il faut un niveau d'études élevé. Aussi l'usine n'a plus la fonction d'intégrateur collectif par le travail partagé. Un certain retour de l'usine aiderait peut-être à modifier la donne.

Aujourd'hui, les jeunes peu formés peuvent devenir chauffeurs. C'est 10 % de l'emploi. Ils peuvent travailler dans les secteurs de la propreté, du ménage. C'est aussi beaucoup d'emplois. Ils peuvent être ouvriers agricoles, travailler auprès des personnes âgées… Tous ces métiers-là leur sont disponibles sauf que, éduqués en France, ils pensent comme les jeunes de leur génération, et non comme leurs parents pour qui ces tâches étaient déjà un progrès par rapport à ceux exercés dans leur pays d'origine et leur permettaient d'offrir des études à leurs enfants. Si la volonté de ces parents qui ont affronté de terribles dangers pour assurer l'avenir de leurs enfants n'est pas prolongée chez ces mêmes enfants par une même volonté farouche de réussite, ce qui est le cas pour certains, alors le parcours de promotion sociale se casse. Et cela fabrique cette part de la jeunesse laissée en périphérie.

Pour appréhender et « prendre soin » de ces trajets erratiques là, notre société doit retravailler son récit national, nous l'avons dit, mais aussi écouter « ses jeunesses » et comprendre que sa formation est devenue complexe et longue en société numérique mondialisée. La réflexion et le projet pour la jeunesse brune ne doivent être qu'une branche d'une refondation de la pensée jeune. J'écrivais en 2019 :

> Devenir adulte aujourd'hui n'est donc plus avoir acquis les trois stabilités de nos parents – mariage, CDI, propriété. Devenir adulte va être d'accéder à notre société de discontinuité, d'instabilité choisie, de compétences en matière de mutation, de rupture et de redémarrage. Quand j'étais étudiant, on disait : « Il y a deux vies d'adulte ». Il y a la première vie d'adulte où tu montres à tes parents que tu es adulte par un double rite initiatique : gagner ta vie, te reproduire. Et puis, il y a la deuxième vie d'adulte après la mort des parents. Aujourd'hui, on perd ses parents à 63 ans et l'âge moyen d'accueil du premier

bébé est de 30 ans et 2 mois. Les équilibres anciens sont donc bousculés.

Pour l'emploi, l'INSEE précise que « les salariés de moins de 25 ans occupent rarement des emplois en CDI (44,9 %), ils sont plus fréquemment apprentis (16,3 %), en CDD (31,1 %) ou en intérim (7,8 %). À ces âges-là, ce sont en effet surtout les jeunes peu diplômés ou ceux suivant un cursus professionnel qui sont présents sur le marché du travail », les autres étant encore étudiants[1]. Camille Peugny, sociologue à l'université de Paris 8, précise que 29 ans est l'âge moyen du premier CDI. Autrement dit, c'est autour de 30 ans que la plupart des jeunes deviennent adultes, au sens où ils lient travail plus stable, couple et enfant, et la jeunesse peut être définie comme une catégorie sociale qui aujourd'hui dure dix ans. Cet allongement de l'âge jeune n'est-il pas, tout simplement, le chemin d'entrée logique dans une société de plus en plus complexe où il ne suffit pas d'apprendre un savoir de base pour se mettre au travail, ou en couple, mais où il faut aussi apprendre le changement et la gestion des discontinuités, dans un monde devenu mobile et imprévisible, même à très court terme ? La question qu'il faut se poser est donc : comment devient-on adulte dans une société aussi complexe ?

1. Simon Beck et Joëlle Vidalenc, Une photographie du marché du travail en 2017, *Insee Première*, n° 1694, 18 avril 2018.

La jeunesse est une catégorie sociale et politique construite peu à peu dans l'après-guerre. 1968 fut son triomphe. Aujourd'hui, en France, on peut dire qu'on a ajouté dix ans à l'âge jeune en cinquante ans. Mais entre 16 et 26 ans, on a une période d'apprentissage qui n'a ni statut ni revenu.

Partons de l'idée que, de 16 à 26 ans, on est en devenir adulte des quatre apprentissages fondamentaux – études, travail, mobilités, amours. Certains vont les faire suivant l'ordre classique : études, amours et voyages, travail. D'autres vont décrocher tôt de l'école : aidons-les à voyager. À faire du bénévolat, du sport... Ils reviendront apprendre plus tard. Évitons aussi les études trop longues sans périodes de salariat, car s'il faut apprendre des connaissances et du savoir-apprendre, il faut aussi du savoir-être. Pensons le désordre des âges comme la marque d'une société de la discontinuité et de l'aventure. Et rappelons-nous comment les emplois jeunes mis en place sous Lionel Jospin avaient apaisé la société française, tant le chômage des jeunes est vécu comme une profonde injustice aussi bien par eux-mêmes que par leurs parents et leurs grands-parents.

Mais si l'allongement constant du temps des quatre apprentissages fondateurs prolonge l'âge de la jeunesse jusqu'à environ 26 ans, la démocratisation des moyens de ces quatre apprentissages est un enjeu majeur délaissé.

Notre vision de l'éducation classique doit ici être profondément revisitée. Le temps d'un vrai statut pour les jeunes, cinquante ans après Mai 68, est venu[1].

Notre problème est de ne pas avoir de réflexion sur la jeunesse. Je dis qu'il faut réunifier la jeunesse. En disant, par exemple : « De 16 à 26 ans, vous avez tous le même statut d'étudiant, vous pouvez tous travailler pour 4 000 € annuel sans charges, vous avez tous le droit de revenir faire des études et quand vous êtes embauchés par un patron, le patron paye moins de charges. » Le SNU, c'est possible, si ce n'est pas obligatoire. L'uniforme, on peut en discuter. Mais le problème central est de construire un projet jeune, une séquence jeune pour les vies de 16 à 26 ans, avec un statut, des allers-retours, des discontinuités, des amours successifs, des voyages, des séjours en entreprise, des découvertes…

Il faut partir des représentations que les jeunes ont de leur génération et de leur avenir. Les jeunes sont beaucoup moins xénophobes que les anciens, même si les héritiers du Front national ou Reconquête, jouant sur la peur de l'autre, captent une partie de l'électorat des moins de 25 ans. La majorité des jeunes ont été élevés ensemble, on les a mis majoritairement

1. Jean Viard, *Un nouvel âge jeune ?*, La Tour-d'Aigues, l'Aube, 2019, p. 30-34.

à l'école ensemble, même si une partie de la bourgeoisie regroupe ses propres enfants dans les écoles privées catholiques – qui en deviennent souvent réac. Ce n'était pas mon cas, j'étais en lycée public à Marseille, mais je n'ai jamais vu un jeune immigré dans mon école. Il n'y en avait aucun…

Aujourd'hui, les jeunes ont entre eux des rapports beaucoup plus simples, et c'est pour cette raison qu'ils peuvent faire bande, parce qu'ils ont été élevés ensemble, qu'ils vont au collège ensemble, au lycée ensemble. Il y en a qui bossent, d'autres qui ne bossent pas. Ils font du sport ensemble. Souvent, ce sont les filles qui montent la nuit acheter du hasch dans les « quartiers ». On leur « fait des prix ». Si les parents savaient… « On se retrouve en boîte samedi ? » Ils dansent bien, ces petits dealers qui roulent en Clio noire louée… Et ces jeunes sont beaucoup moins stricts sur les signes religieux à l'école, plus proches d'une « culture monde communautaire » où chacun « fait ce qui lui plaît ». Soixante et onze pour cent des Français étaient pour l'interdiction de l'abaya, mais seulement 41 % des jeunes[1]. Il est temps de penser jeune.

Avant la pandémie de covid, 78 % des jeunes étaient optimistes pour leur avenir. Ils

1. Hugues Garnier, « Interdiction de l'abaya à l'école : 7 Français sur 10 soutiennent la décision prise par Gabriel Attal », *bfmtv.com*, 30 août 2023.

ne sont plus que 54 % aujourd'hui. Il faut donc remonter la pente suite à cette tragédie, rassembler la jeunesse dans un statut et des droits uniques, demander aux départements de porter massivement une politique de logement jeune autour des universités et des écoles spécialisées. Le département des Alpes-de-Haute-Provence devrait par exemple construire des résidences pour « ses » jeunes autour des facultés de Marseille, comme celui des Bouches-du-Rhône pour les jeunes des faubourgs qui sont trop loin pour suivre les cours… Ils pourraient racheter ensemble les tours Labourdette, dans le centre de Marseille, et en faire une vaste cité U. Le social doit être pensé comme une géographie.

On n'est pas tous obligés de parler anglais couramment, on n'est pas tous obligés d'avoir la même vision du monde. Une partie des jeunes, et ce serait une richesse, peuvent mener le combat vers le Sud, parce que c'est du Sud qu'ils viennent, parce que c'est là qu'ils vont en vacances quand ils voyagent, parce que c'est là qu'ils ont de la famille, qu'ils ont des affinités. Edmond Maire avait créé, quand je travaillais auprès de lui, une association qui s'appelait Vacances ouvertes. Son but était d'emmener des jeunes des « quartiers » en vacances, à condition qu'ils les organisent eux-mêmes. Il fallait les accompagner dans leurs projets, les faire réfléchir à ce qu'ils voulaient faire, à ce à quoi ils avaient toujours rêvé, etc. Là où ils étaient complètement à l'aise, c'est quand ils allaient en Turquie, parce que ces jeunes des « quartiers » se retrouvaient en petite bande en Turquie. Ils y étaient anonymes, on ne les repérait pas, on ne leur demandait pas leurs papiers, ils avaient la même dégaine que les autres jeunes dans la rue, la même couleur de peau, les mêmes cheveux, à peu près – il y a des différences, comme partout, les groupes ne sont pas homogènes – et ils étaient très décontractés. Au fond, c'est ça la question qu'il faut se poser : comment faire pour que ces jeunes aient un projet ? Et comment faire pour que ce projet empêche les autres d'avoir peur ? Autrement dit, concevoir un récit pour notre vivre-ensemble où chacun trouve un horizon et un chemin. Ensemble. Blanc et brun. Et noir.

Pacifier le cannabis

Ce titre peut surprendre. Il est volontairement provocateur. Mais pour qui connaît les « quartiers » et les 3275 points de deal en France qui rendent le quotidien des habitants difficile, mettent la vie de dizaines de jeunes en danger – et de plus en plus celle d'innocents passants – tout en diffusant plusieurs milliards d'euros à partir de ces lieux de pauvreté, la question doit se poser ainsi. La politique de la France est inefficace et dangereuse, elle ne favorise pas une diminution de la consommation, elle favorise la violence dans les faubourgs et les rend de plus en plus inhabitables. La demande de légalisation du hasch a été faite par le Conseil économique, social et environnemental (CESE), les Français y sont favorables, et une commission parlementaire animée notamment par Jean-Baptiste Moreau l'a préconisée. Mais on ne le fait pas, car cette lutte est devenue un marqueur politique instrumentalisé.

Partons des chiffres de l'Observatoire français des drogues, du coût social des drogues[1] : le coût du tabac est estimé à 155,7 milliards d'euros, celui de l'alcool à 102,4 et celui des drogues illicites à 7,7 milliards. Le tabac engendre 73 189 décès, l'alcool 41 080, et les drogues illicites 1 230. Les coûts pour les finances publiques sont de 17,2 milliards d'euros pour le tabac avec des recettes de 15,9; de 8,6 pour l'alcool avec des recettes de 5,3, et de 2,1 pour les drogues illicites avec des recettes de 0,07 milliard. Chiffres qui ont amené le CESE à prôner une légalisation contrôlée du haschich. Relancer des politiques publiques de lutte antitabac ou anti-alcool est donc beaucoup plus efficace pour l'amélioration de la santé publique ou des finances que la guerre locale antidrogue permanente. Une guerre qui militarise notre police, renforce l'exclusion des jeunes Afro-Méditerranéens et dont l'inefficacité manifeste dévalorise l'autorité de l'État.

Je ne peux discuter les chiffres dans le détail, l'Observatoire étant plus compétent que moi sur ces sujets, mais l'énormité des écarts entre les dangers d'une substance et ceux d'une autre et l'énormité disproportionnée des moyens de combat posent évidemment question. Quel est le projet ? Quel est le but ?

---

1. Mattea Battaglia, « Quel est le coût social de l'alcool, du tabac, des drogues "licites" et "illicites" », *Le Monde*, 20 août 2023.

Et pourquoi ? Que craint-on ? Qui craint-on ? On ne peut séparer ce débat de l'idée que le haschich en particulier est lié à la communauté afro-méditerranéenne. L'anthopologue Alain Tarrius a bien montré, par exemple, via les travaux de terrain menés avec ses étudiants, qu'un jeune homme au « look arabe » est, sur une plage, interpellé sans interruption par les baigneurs avec des « T'as pas du hasch ? ». Il compare même cette pression au logo vert des pharmacies qui signale à chacun le lieu des soins. L'Arabe qui scintille dans les nuits des vacances !

Ces questions sont essentielles dans un pays où l'économie du seul haschich est estimée par l'Insee à 21 000 équivalents temps plein et 3 milliards de chiffre d'affaires. Vingt et un mille équivalents temps plein, ça ne veut pas dire grand-chose parce que la plupart des « employés » ne sont pas à temps plein. On doit pouvoir multiplier par cinq le nombre de gens qui participent – j'ai vu une étude qui disait qu'on pouvait le multiplier par dix. Personnellement, je n'en sais rien, mais je sais en tout cas que ce sont des dizaines de milliers de jeunes qui vivent dans ce monde-là, et cinq millions de Français qui habitent des quartiers gangrénés par la drogue et la violence.

Je ne décolère pas contre l'indifférence face à tous ces jeunes tués dans le cadre des trafics. Quand j'étais conseiller municipal de Marseille, un grand élu de notre République à qui je m'ouvrais de ce problème me répondit : « Tant qu'ils se tuent entre eux… » Oui, tant qu'ils se tuent entre eux ! Pour que nos propres enfants ou ceux de nos amis puissent fumer tranquillement. On dirait la Prohibition américaine. Certes, les trafics illicites sont entourés de violence, de meurtres et de conflits avec la police. Les moyens d'État mis en œuvre en France pour cette lutte sont considérables, mais la France reste le premier consommateur de cannabis en Europe[1] avec cinq millions d'usagers réguliers, un million de fumeurs quotidiens et près de 50 % des jeunes hommes qui ont déjà fumé du haschich. Avec, il est vrai, ici comme pour les autres drogues (y compris d'ailleurs le sexe), un léger recul dans la jeunesse[2]. Quel est le but ? Est-ce une prohibition efficace ou une gestion de la violence sociale supportable et acceptée par les citoyens ? La politique est-elle devenue le temps d'une morale des vices et des plaisirs, ou celle de la couleur des corps ? Le rôle de l'État est-il de protéger la population ou de lui imposer des cadres moraux et idéologiques ?

Où est le sens ? Il n'y a pas de sens. Le refus du haschich, c'est, en quelque sorte, encore une

1. Observatoire européen des drogues et toxicomanies, *Rapport européen sur les drogues 2022; tendances et évolutions*, Luxembourg, office des publications de l'Union européenne, 2022, p. 51.
2. « Cannabis », *odft.fr*, avril 2023.

fois, le refus de la société postcolonisation. Oui, il y a des vices dans la société. Oui, on regarde des films extrêmement violents. Oui, évidemment, la question, c'est comment on maintient un niveau de violence supportable. Je pense que la consommation du haschich doit rentrer dans les violences supportables, mais une consommation réglementée, c'est-à-dire sur les modèles canadien, portugais ou allemand. Acceptons enfin qu'on ne s'en sortira pas sans légaliser le haschich et que la France n'est pas une île de vertu dans un monde de vice ! Quand cinq millions de Français consomment régulièrement du haschich, quand on peut en trouver presque devant chaque collège, ne parlons pas des lycées, des facs et des lieux de la nuit, quel est le message d'autorité de la République et quel est le respect montré à des policiers à qui on assigne un travail aussi inefficace ?

Le ministre de l'Intérieur parle de « guerre », les journalistes parlent de « guerre ». Mais guerre contre qui ? L'État contre les cinq millions de consommateurs réguliers ? L'État contre les habitants des « quartiers », dont la vie devient encore plus impossible, car après chaque destruction de point de deal, il y a combat entre bandes dans le but de récupérer le lieu ou d'effrayer les consommateurs pour qu'ils se déplacent dans la ville vers un point plus calme ? L'État contre les cent mille à deux cent mille jeunes qui sont dans les trafics ? Quand, à Marseille, les quartiers nord perdent des parts de marché au profit des 2e et 10e arrondissements, où est la victoire ? Quatre-vingt-dix attaques à la kalachnikov, quarante morts en huit mois à Marseille, une jeune fille tuée chez elle en buvant un verre de lait pendant ses révisions d'examen de droit. À 24 ans. Merci pour ces choix politiques là. Et l'argent de la drogue est aussi une part des revenus dans ces quartiers. Pour les jeunes, mais pas seulement. Asséchez ce marché, et les files s'allongeront devant les banques alimentaires tandis que d'autres trafics viendront prendre leur place. Car il faut manger tous les jours. Là où on a interdit de payer les tickets de cantine des enfants en liquide… les enfants sont massivement rentrés manger à la maison. Regardons les réalités en face.

C'est pourquoi la moins mauvaise politique est de réguler le haschich et de faire ouvrir aux dealers, après amnistie, des commerces légaux sur les points de deal actuels, mais avec un hasch fourni par des producteurs français contrôlés. L'arrêt de la prohibition, comme partout, générera des revenus locaux susceptibles d'être investis localement et libérera la police pour des tâches plus urgentes. L'État n'est pas chargé d'une guerre contre une part de son propre peuple !

Bien sûr, on peut continuer à montrer les muscles des serviteurs de l'État. On peut formater sa police au combat, à la violence, aux risques, glorifier un ministre « qui en a » et engloutir des sommes considérables sans écouter les demandes populaires de plus de protection visible et de sécurité. On veut du « bleu » au coin des rues, du « bleu » le soir, du « bleu » quand on fait son jogging. Curieuse politique où on affiche une image d'impuissance qui favorise l'extrême droite pour lutter contre certaines drogues de plus en plus régulées pacifiquement ailleurs. Curieuse politique où on n'écoute plus les citoyens qui sont favorables à la légalisation du hasch à 51 %[1], contre 43 % en 2017 et 27 % en 1977. Curieuse politique où on ne fait pas de la pédagogie sur les risques des différentes drogues, puisqu'elles sont interdites, et où on préfère mener un combat idéologique, largement contre des jeunes issus de l'ancien monde colonial. Des jeunes bruns.

La légalisation du haschich est en marche en Californie, au Canada, au Portugal, en Hollande, en Belgique… L'Allemagne est en train d'inventer des coopératives, sortes « d'Amap[2] du haschich » – un modèle que je trouve très intéressant. Un des grands intérêts de la légalisation est que cela permet de développer des politiques de lutte et de contrôle

1. Frédéric Mouchon, « Dépénalisation du cannabis : plus d'un Français sur deux est favorable », *leparisien.fr*, 2 juin 2021.
2. Association pour le maintien d'une agriculture paysanne.

intelligentes et diversifiées. On peut développer une politique de contrôle, comme on le fait pour l'alcool avec les alcootests. C'est déjà un peu le cas, mais actuellement, ce qu'on cherche c'est l'illégalité, alors que ce qu'il faut chercher, c'est uniquement la dangerosité. Le vrai problème, ce n'est pas l'illégalité ; le vrai problème, c'est le fait que les gens ont plus d'accidents. La légalisation permet aussi de développer des politiques d'information sur la consommation et ses dangers, comme pour l'alcool.

Le Portugal est très fort dans ce domaine. Il fait de la légalisation sa politique depuis des années, avec une baisse sensible de la consommation. Le modèle portugais est intéressant, parce que l'État mène des campagnes très énergiques de communication à la télé, à la radio, comme nous le faisons, nous, sur l'alcool : attention, le haschich, si tu as moins de 18 ans, ça va abîmer ton cerveau, tu vas devenir impuissant, etc. Ils ont des campagnes très directes !

Le modèle canadien, lui, ouvre la voie du haschich légal aux dealers condamnés. En effet, si cette drogue devient légale, leurs condamnations deviennent amnistiables ! Mieux vaut donc utiliser leurs compétences et affaiblir l'économie parallèle en la légalisant. Les Canadiens ont sélectionné des dealers emprisonnés, et ils leur ont dit : « Toi, tu es de tel grand ensemble, tu vas ouvrir une boutique dans ce grand ensemble-là, on va te fournir le haschich et tu vas garder tes réseaux de clientèle. » L'argent du trafic légalisé doit rester dans le territoire, ce territoire des faubourgs, et partir chez nos agriculteurs et dans les caisses de l'État. Sans doute les circuits illégaux en garderont-ils une partie, au moins 20 % comme au Canada.

La troisième politique intéressante, c'est celle de l'Allemagne. Les Allemands réfléchissent selon un modèle d'Amap où vous avez des producteurs et des adhérents à la coopérative qui achètent dans un réseau, dans lequel on se connaît, on s'intercontrôle, par groupe de cinq cents clients consommateurs. C'est très transparent, et c'est un modèle qui peut être pertinent en France où beaucoup d'endroits sont favorables à la production du haschich et à la création de cette économie locale de proximité – réservée aux plus de 18 ans, bien sûr.

Ces trois politiques, et certainement d'autres, doivent être ajoutées à notre réflexion. Mais pour cela, il ne faut pas avoir peur des corps bruns, ni prendre la France pour un modèle particulier de vertu et d'ennui. D'ailleurs, la politique allemande lie cette politique avec le débat sur la binationalité des arrivants. Que ne menons-nous une politique commune !

Un autre intérêt de ces politiques est de séparer les marchés, au lieu d'avoir « son » dealer, qui va proposer d'abord du haschich, puis, un jour, de la cocaïne ou autre chose. La légalisation du hasch dans des points de vente *ad hoc* sépare les réseaux et les offres, car la cocaïne ne viendra pas de la petite boutique qui vend du haschich, et on diminuera ainsi la porosité entre les drogues. Or le haschich, c'est la moins dangereuse des drogues. Et puis, la drogue fournie sera de bonne qualité, non alourdie par du verre pilé ou du pneu râpé, parce qu'elle sera produite en France par des agriculteurs professionnels. Ne soyons pas naïfs sur la qualité des produits qu'on vend sans aucun contrôle de qualité et que, d'ailleurs, le plus souvent, les dealers ne fument pas eux-mêmes, ayant leur propre production. La question de la qualité du haschich est essentielle : c'est, ici, un produit comme les autres.

Revenons aux États-Unis en 1933 : le protestantisme réactionnaire cède enfin et la prohibition des alcools est levée. La politique cesse d'être un moralisme imposé aux uns par les autres, mais devient un art du compromis et de la tolérance nourri en permanence de volontés différentes.

Dans le monde, la prohibition du hasch cède peu à peu. En France ? Angoisse identitaire d'une France des vignobles ?

La guerre d'Algérie toujours

Plus d'un demi-siècle après 1962. La fin de la guerre d'Algérie. Finie, la guerre d'Algérie ? Complètement ? L'Algérie, c'était la France. Certes. Conquise en 1830, quinze ans après l'effondrement de l'Empire napoléonien, « pacifiée » avec brutalité pendant plus de quarante ans jusqu'à la grande révolte, à la chute du Second Empire et aux débuts de la Troisième République. Colonie alors de peuplement, souvent des Alsaciens refusant l'Alsace allemande après la défaite de 1870. Une terre pour des paysans chargés de nourrir la France. Trois départements français avec cantons et mairies, préfectures, postes et pompiers. Pas une colonie : la France. Mon père, professeur de khâgne à Marseille, est même allé présider un jury de bac à Bône. Il aurait pu aller à Sète ou à Avignon.

C'était la France. Oui, mais pas pour tout le monde, pas pour les « musulmans », désignés par leur religion, qui n'étaient ni Français ni citoyens. Bancale République qui confondit déjà, là-bas, citoyenneté, religion et couleur de peau. « Une et indivisible », dit-elle. Elle accepta les Espagnols et les Juifs. Pas les « musulmans » – Arabes et Berbères indifférenciés. Blessure profonde des valeurs de la République. Irréparable peut-être, irréparée en tout cas. Même s'il y a progrès puisque, aujourd'hui, les musulmans de France sont des Français « comme les autres » – au moins sur le papier.

Le récit français, c'est que la guerre d'Algérie, en s'arrêtant en 1962 avec l'indépendance de l'Algérie et le rapatriement d'un million de pieds-noirs, aurait fermé une histoire et qu'on se retrouverait « comme avant ». Mais l'histoire coloniale s'est prolongée après 1962 avec les Comores, avec Djibouti, avec les événements de Guadeloupe en 1967, avec la guerre au Cameroun qui a duré jusqu'en 1970, avec les nouvelles formes de relations de domination comme la Francafrique. Et dans tous les cas, on ne se retrouve pas comme avant. La France postcoloniale n'est pas la France précoloniale. L'Algérie non plus n'est plus la même. On a tourné une page, mais dans le même livre! Le problème est similaire en Angleterre et aux États-Unis, même si la communauté noire n'a pas la même histoire que la communauté des enfants de l'immigration. À Bruxelles, en Belgique, il se produit aussi des événements de violence semblables. Ces pays ont colonisé le monde, ont construit la mondialisation, souvent dans des conditions de violence, de prédation des ressources, mais pas seulement. La colonisation était aussi un projet culturel, même si ce projet culturel avait quelque chose de négationniste pour les cultures locales, parce qu'on faisait comme s'il n'y avait pas de structure, pas de valeurs, pas de civilisation.

Mais la colonisation ne fut pas républicaine, ni portée par les valeurs de la citoyenneté du pays des « droits de l'homme ». Car l'autochtone en fut exclu. Là est pour moi le plus grand crime de la colonisation : la déchéance de nos propres valeurs par racisme et xénophobie. L'historien Pierre Singaravélou, directeur de l'ouvrage *Colonisations ; notre histoire*[1], écrit que la politique d'assimilation ne concerne pas les autochtones et que la « trahison de promesse d'égalité s'observe dans tous les domaines. […] Le droit républicain n'est pas installé dans les colonies […]. » De même, la « mission civilisatrice de l'école n'est pas tenue. À l'apogée de la colonisation de l'Algérie en 1930, moins de 10 % des enfants algériens musulmans sont scolarisés et seulement 5 % des étudiants de l'université d'Alger sont autochtones. »

Toujours est-il que cette histoire coloniale s'est achevée en 1962 après la fin de la guerre d'Algérie. Mais rappelez-vous les Malouines, rappelez-vous la réaction de l'Angleterre quand l'Argentine a voulu récupérer une petite île au

1. Pierre Singaravélou, *Colonisation, notre histoire*, Paris, Seuil, 2023.

large de ses côtes dans l'Atlantique Sud. Les guerres des cultures coloniales ne sont pas vraiment terminées, et la France est le pays qui a gardé le plus de bribes d'empire tout autour de la terre. Pour les gens de ma génération, la guerre d'Algérie, c'est notre enfance. Les attentats, c'est mon enfance, les immenses bidonvilles à Marseille où j'accompagnais ma maman quand on allait voir notre femme de ménage russe réfugiée après 1917 – il y avait des réfugiés russes partout. Les films sur la guerre d'Algérie nous montrent des Arabes en veston dans les bidonvilles – un veston qui était quasiment l'uniforme de l'ouvrier qui n'est pas à l'usine.

La guerre d'Algérie, le FLN, j'ai connu. J'ai accompagné mon père chez des responsables du FLN. À la maison, je sais qu'ils se réunissaient dans la journée quand nous n'étions pas là, dans la chambre de ma sœur, qui ne donnait pas sur le balcon. Cela sentait un autre tabac que celui que fumait mon père. Mon père prêtait sa clé, c'était un lieu de rencontre. Je sais que des gens comme mon père, de la gauche chrétienne, ne voulaient pas financer l'armement du FLN parce qu'ils ne voulaient pas payer des armes qui tiraient sur leurs étudiants sous les drapeaux en Algérie. J'entendais aussi les récits des étudiants de mon père en permission. On était là, tout petits, on allait les voir. Je me rappelle, à Aix-en-Provence, face à l'université, avoir entendu un des meilleurs étudiants de mon père alors en permission. Ces jeunes étaient traumatisés par ces années de service en Algérie. Ils se sont souvent reconnus en Jean-Marie Le Pen, compagnon de combat et d'horreur.

Tous les dimanches, le curé prêchait contre la torture. Tous les dimanches, le drapeau français ne me faisait pas rêver. J'ai quitté le monde catholique, mais l'éducation qu'on m'a donnée, c'était de dénoncer la torture, c'était de dénoncer ces rapports de pouvoir, c'était de dénoncer ce colonialisme violent. Tout ça, évidemment, s'est inscrit dans nos mémoires, s'est inscrit dans ma génération, même si nous étions enfants. La plupart de ceux qui ont fait la guerre d'Algérie sont en train de disparaître, sans en avoir jamais parlé tellement c'était violent. Mais la mémoire se transmet quand même. Ces souvenirs se chevauchent, se superposent, y compris dans la police. Les vérifications d'identité ont été introduites à cette époque pour lutter contre le FLN, des pratiques policières qui, petit à petit, sont entrées dans le droit, notamment le droit de contrôler les papiers. Elles ont engendré des traditions de relégation géographique, traditions protégées par une police chargée de maintenir ces populations à l'écart et d'essayer de faire qu'elles ne dérivent pas, qu'elles n'agressent pas, qu'elles ne volent pas.

En 1962, Ferhat Abbas, premier président du gouvernement provisoire de la République algérienne, écrivait : « Quand un Algérien se disait Arabe, les juristes français lui répondaient : non, tu es Français. Quand il réclamait les droits des Français, les mêmes juristes lui répondaient : non, tu es Arabe. » Dans le droit, la situation a changé, mais peu dans les imaginaires et les représentations.

Il y a quelques années, j'écrivais :

> Automne 1962. J'attends sur le port de Marseille des familles pieds-noirs qui doivent descendre d'un bateau de « rapatriés d'Algérie ». On les accompagnera ensuite, avec quelques copains, en portant leurs valises jusqu'à la gare Saint-Charles où ils prendront un train vers le « Nord » et le lieu de repli qui leur a été désigné. La France sut alors intégrer un million de rapatriés dont beaucoup n'avaient jamais vu la France. À l'époque, le cordon entre les deux rives de la Méditerranée semblait rompu, chacun tentant de reprendre le chemin de son destin.
>
> […] Aussi, bien rares furent ceux qui vinrent accueillir les derniers « petits Blancs ». Pourtant, cela me semblait aller de soi. C'étaient des réfugiés. J'avais 13 ans. Les valises étaient lourdes et sans roulettes.
>
> Un demi-siècle plus tard, la Méditerranée à nouveau nous submerge. 1 681 attentats revendiqués par Daech ont tué à ce jour plus de 12 500 personnes, dont 226 en France, y compris l'attaque au camion sur la promenade des Anglais à Nice, le 14 juillet 2016. Des

jeunes de nos « quartiers », souvent fort peu religieux, tuent d'autres Français ou partent se battre en Syrie, embrigadés dans un cyberterrorisme qui prolonge d'autres jeux et qui est la forme révolutionnaire actuelle de leur désespoir de ne pas vivre. La « deuxième génération » ne se sent visiblement pas toujours *gauloise*! Et des migrants et des réfugiés par millions rêvent de traverser la Méditerranée. Des centaines de milliers le font, la plupart poussés par des guerres, des tyrannies; certains par le désir d'une autre vie. Des dizaines de milliers s'y noient. [...]

Comment comprendre tout cela? Comment penser des pistes pour aider à l'action? Comment entendre également la peur des sociétés attaquées, et en particulier de la nôtre? Les extrêmes droites nourries aux refus des immigrations du Sud en font leur pain bénit. Et si l'extrême droite avait pour partie anticipé une situation incontrôlable? Est-il interdit de poser cette question? Y a-t-il, à l'inverse, une contre-offre politique à construire, celle de l'humanisme et du droit, mais au-delà, celle de l'intérêt, de la richesse à venir d'un Sud à réinventer?

Je ne suis pas naïf. Je sais que les peuples européens – mais pas seulement, bien sûr, tous les peuples – ont peur de la violence qui leur est faite par *des* musulmans – très minoritaires certes, mais tous musulmans. Je sais que cela nourrit les voix de l'extrême droite qui secouent l'Europe depuis un gros quart de siècle et de plus en plus fortement chaque jour, limitant notre humanité, mettant en débat le respect le plus primitif du droit international. Je sais aussi la difficulté d'une part des Européens avec l'islam, et le poids de la crise économique. Au-delà, je sais surtout l'absence totale de politique positive, novatrice, encourageante et forte, aussi bien vis-à-vis de l'islam en France, de la jeunesse des quartiers que des pays du Sud et du monde méditerranéen. Tout semble arrêté, en attente, sans souffle. Et à chaque attentat, à chaque horreur, l'extrême droite progresse. La seule réponse est sécuritaire. Utile bien sûr, mais dramatiquement insuffisante.

La France et l'Europe croient-elles vraiment que l'on peut longtemps construire un blockhaus de riches sur la rive nord de la Méditerranée et laisser l'autre rive sous l'autorité de régimes autoritaires, militaires ou religieux ? Croient-elles vraiment que restaurer les visas avec l'Algérie comme on l'a fait en France en 1994 – en contradiction avec les accords d'Évian de 1962 – [...] est raisonnable ? Croient-elles que les pauvres et les exclus de la mondialisation d'ici et ceux de là-bas ne vont pas faire cause commune[1] ?

1. Jean Viard, *Quand la Méditerranée nous submerge*, 2017, *op. cit.*, p. 9-12.

Les musulmans, on les appelait déjà « musulmans » en Algérie. La République a refusé la citoyenneté à des gens pour leur religion et leur couleur de peau. On a donné là-bas la citoyenneté aux Espagnols, aux Juifs, et on l'a refusée aux musulmans. À l'exception de quelques milliers qui avaient renoncé à leur « statut personnel ». On leur a refusé le droit de vote parce qu'ils étaient musulmans. Bien sûr, les musulmans ne forment pas en France un groupe culturel et politique homogène. Regardons autour de nous. Aux États-Unis, comment ont-ils essayé d'avancer ? Ils ont commencé par discuter de la façon de nommer cette population. Là-bas, il s'agissait de la population noire. Ils se sont réunis, ils ont discuté et ils ont décidé de s'appeler la communauté « afro-américaine ». Ils se sont mis d'accord là-dessus et ont décidé que les gens se déclareraient. C'est-à-dire que vous pouvez dire : « Je suis Blanche, je suis Arabe, je suis Noir, je suis métisse. » C'est vous qui décidez. Il n'y a personne qui vient regarder votre photo et dire : « Non, celle-là, elle n'est pas comme ça. » S'il y a un Noir qui a envie de se déclarer Blanc, c'est son histoire. C'est-à-dire qu'on laisse la liberté à l'individu de définir ses appartenances, mais le groupe est déterminé comme groupe. Une piste ? Amie ou ennemie ? Il n'y a pas d'autre chemin.

Ce qui manque en France sur ces sujets, c'est une voix politique forte, la force d'une conviction. Il manque cette voix, la vision n'est pas portée. En Allemagne, longtemps, c'était madame Merkel qui, chaque fois qu'il y avait des attentats racistes, prenait la parole pour que la société se calme. En Italie, ça a été le pape. En France, il n'y a pas d'autorité morale puissante. Les intellectuels se sont trop perdus dans l'amour des révolutions, y compris iranienne. Pensons à Michel Foucault écrivant sur la révolution iranienne :

> C'est l'insurrection d'hommes aux mains nues qui veulent soulever le poids formidable qui pèse sur chacun de nous, mais plus particulièrement, sur eux, ces laboureurs du pétrole, ces paysans aux frontières des empires : le poids de l'ordre du monde entier.
> C'est peut-être la première grande insurrection contre les systèmes planétaires, la forme la plus moderne de la révolte et la plus folle[1].

Les milieux qui aujourd'hui sont contre l'immigration sont souvent ceux qui étaient pour la colonisation au XIXe siècle. La même idée est à l'œuvre : nous sommes la civilisation ! Hier, on voulait civiliser ces peuples du Sud (et prendre

1. Michel Foucault, « Il mitico capo della rivolta dell'Iran » (Le chef mythique de la révolte d'Iran), *Corriere della sera*, vol. 103, n° 279, 26 novembre 1978, p. 1-2. Repris dans *Dits et Écrits*, t. III, texte 253, Paris, Gallimard, 1994.

leurs terres). Aujourd'hui, on parle de décivilisation. Je sais bien que ce n'est pas exactement cela que veulent dire ceux qui utilisent cette notion, mais c'est ce qu'elle connote. Comme hier le terme de « sauvageons » pour parler de descendants de… « sauvages ». Il faut un peu assumer ce qu'on a fait historiquement ! « On » a colonisé, on a appris le français à 350 millions de personnes – elles seront 700 millions en 2050 avec la vague démographique en Afrique de l'Ouest. Il faut réguler et je suis pour le droit, mais il faut comprendre que pour elles, Paris est le centre du monde. Ensuite, quand quelqu'un doit partir parce qu'il est expulsé, il faut qu'il parte. Ou alors il faut changer la loi. Car personne, et notamment ceux qui gouvernent, ne peut jouer, ou obliger à jouer, avec l'autorité et le respect de la République et de l'État. Mais que des dizaines de milliers de gens qui sont condamnés à être expulsés, qui n'ont pas le droit de travailler, ne partent pas, c'est inadmissible pour tout le monde. On estime que trois cent mille à sept cent mille travailleurs travaillent au noir. Le droit, c'est quoi ? Seule une vision enrichie d'une France fière d'être postcoloniale, d'avoir cédé aux forces de la décolonisation peut relever le gant. Ici et au Sud. Vivre dans la peur de l'extrême droite et l'imiter en tout pour retarder sa prise de pouvoir est totalement absurde. Face aux peurs identitaires, il faut remobiliser l'humanisme et les politiques sociales. L'original vaudra, sinon, toujours mieux que la copie.

Décivilisation ou impuissance du politique ?

Faisons une petite parenthèse sur la « décivilisation ». Quel mot dangereux ! Ce terme, c'est l'analyste politique Jérôme Fourquet qui l'a employé. Il a été repris à la volée par le président de la République. « Décivilisation » est un terme utilisé par Norbert Elias pour penser l'arrivée du nazisme, c'est-à-dire décrire une société qui se défaisait et qui cessait son évolution continue vers la civilisation – ce qui était la vision du sociologue. Plus même : qui régressait. Sommes-nous en train de nous déciviliser ? Comme l'Allemagne des années trente ?

Dans notre société, oui, 63 % des bébés naissent hors mariage. Oui, 30 % des couples sont recomposés. Oui, on s'abstient aux élections. Oui, le CDI ou l'emploi garanti à vie de la fonction publique font moins rêver. Oui, 10 % des gens seulement meurent dans la commune où ils sont nés. Oui, l'Église catholique ne structure plus les campagnes et les élites sociales. Oui, la culture communiste ne structure plus les milieux populaires, avec au centre le PC et ses ramifications (CGT, Femmes Françaises, Mouvement de la Paix...). Autrement dit, les bases de la stabilité issues de la révolution industrielle et de la France paysanne – commune, mariage, travail, religion ou PCF – se sont effondrées.

Mais cette société de décivilisation est aussi une société de recivilisation ! Si on ne veut pas le voir, on favorise un nouveau fascisme. « Décivilisation », employé aujourd'hui, est un concept-valise dans un discours où on ne parle que de ce qui se perd et où on masque l'immense bifurcation à l'œuvre dans nos liens interpersonnels et dans notre horizon commun, je veux dire la bataille du climat. Cette occultation est extrêmement dangereuse et jette les citoyens dans des mouvements de panique que récupèrent les extrémismes. Nous sommes en train de construire une société d'individus, d'autonomie, qui va être la base de l'immense combat que l'Humanité a commencé à mener. On a construit des familles tribus très solides, mais a-institutionnelles, une société du proche et de la livraison se tenant loin des élections sauf enjeu majeur et explicite, une société des associations et des réseaux, des mobilités et du numérique. On est branchés sur internet, 25 % des Français sont en télétravail. La culture circule d'abord sur internet dans la jeunesse. L'alliance du numérique et du local est en plein développement. Les familles tribus sont d'une force extrême : elles ne sont pas mariées, mais sont le premier réseau, par exemple, pour trouver un travail.

Jamais chacun n'a été aussi libre de choisir ses appartenances et ses réseaux, ses lieux, ses ruptures, ses amours, ses aventures de vie. Même si subsiste toujours une forte reproduction sociale, et donc des limitations à nos possibilités d'action et de découverte. Bien sûr. La société est beaucoup plus proche du modèle rhizomique analysé par Deleuze et Guattari ou de la société de Max Stirner[1] que de celle de Karl Marx. Mais pris entre les angoisses identitaires portées par les droites et la nostalgie des bonnes vieilles classes sociales de la révolution industrielle qui taraude une gauche qui a perdu le peuple, comment porter positivement une autre représentation de la société ? Comment dire la joie des libertés nouvelles de notre époque, puis, mais seulement après, les angoisses neuves que cela nous crée ?

Car il faut savoir dire les bonnes nouvelles. Bonnes nouvelles, du moins, si notre aventure extraordinaire de vivre dans la liberté de l'acteur individu trouve un nouveau cadre pour pouvoir faire société et territoire. Un nouveau commun. Si on ne trouve pas un autre cadre, ce sont de mauvaises nouvelles. On passe d'une société rigide pensée par des appartenances de

1. Max Stirner, *L'unique et sa propriété*, Loverval, Labor, 2006 [1844].

classes, qui construisait du politique avec des partis et des Églises, à une société d'individus multi-appartenants menant des vies discontinues, des aventures multiples, inattendues et imprévisibles. Que cela désoriente les tenants d'une société du mariage, du CDI, du vote de masse, de la religion (dans l'ici-bas ou l'au-delà), c'est bien compréhensible. Que les bureaucraties publiques n'arrivent pas à insérer cette société-là dans leurs grilles de lecture, quoi de plus normal ? Malgré une augmentation constante de la bureaucratie.

Mais la vraie question est : y a-t-il recivilisation autour de l'individu, de vies longues vécues par séquences courtes, du monde du numérique, de l'éducation longue, de la société du proche, de la société des clubs de sport, du voyage, de la famille tribu, du monde des femmes ?... Oui, nos vies sont discontinues, avec des aventures amoureuses, professionnelles, géographiques, etc., successives. Ce modèle de la discontinuité, lié au fait que plus la vie est longue, plus on la vit par séquences courtes, ce modèle-là, qui est celui du départ en vacances, des week-ends, du numérique, de l'école pour tous, de la santé gratuite..., ce modèle-là, tout le monde en a envie.

Les femmes se sont constituées en groupe social et politique. Révolutionnaire, même. Leur groupe est politiquement très puissant. Mais les femmes évidemment ne sont pas

« que » femmes. Elles ont aussi un métier, une origine... Les Gilets jaunes, *grosso modo*, incarnent le peuple des périphéries urbaines, des lotissements et des petites villes. Soixante pour cent des Français habitent en maison individuelle. Les « quartiers », culturellement, se réfèrent à la culture musulmane, si on peut dire. Il y a le groupe des gens qui font du sport. Il y a ceux qui adorent partir en vacances. On est multi-appartenant et on en joue. Ce ne sont plus les appartenances d'hier, ce sont de nouvelles appartenances, mouvantes, changeantes. La jeunesse a pris une unité nouvelle, de 16 à 26-29 ans.

Donc, oui, les cadres institutionnels et symboliques qui ont accompagné la révolution industrielle achèvent de se défaire sous nos yeux, mais de nouvelles formes politiques émergent, mobiles, souples, aléatoires et discontinues.

Si on dit « décivilisation », il faut dire aussi « recivilisation », il faut dire « bifurcation » – c'est le terme que le sociologue et économiste Pierre Veltz utilise[1]. La civilisation du progrès, qui nous a menés depuis cent cinquante ans, a été géniale. Nous sommes passés, par exemple, de cinq cent mille à sept cent mille heures d'espérance de vie, soit un gain de vingt ans de vie, ce qui n'était jamais arrivé dans l'histoire

1. Pierre Veltz, *Bifurcations*, La Tour-d'Aigues, l'Aube, 2022 (prix essai de *La Tribune*).

humaine – y compris pour la moyenne planétaire, qui est passée de 59 ans à 69 ans, un saut gigantesque. Mais nous sommes allés beaucoup trop loin. L'Occident s'est cru maître et possesseur de la nature. Maître des autres aussi, techniquement, culturellement et militairement !

Aujourd'hui, après les décolonisations, la révolution féminine, le combat climatique, on est de l'autre côté du mur de cette utopie, tragique et créatrice, du progrès.

Nous sommes entrés dans un tourbillon créatif qui doit nous aider à gagner la bataille du climat et nous permettre de vivre dans un monde où c'est la nature qui dorénavant fait l'histoire. Les sociétés religieuses attendaient le retour du fils de Dieu, elles n'avaient pas l'idée de progresser. Ensuite, on a découvert l'idée que demain pouvait être meilleur, si on faisait plus d'études, si on vivait plus longtemps, etc. On l'a fait. Puis on a commencé à ralentir – fin du Concorde, réduction de la vitesse sur autoroutes... Et puis on ne savait plus trop où on allait. Mais la Grande Pandémie nous a montré qu'on peut mener un combat mondial pour se sauver. Un combat mondial n'empêche pas de se faire des guerres et des abominations comme l'attaque de l'Ukraine. Mais nous avons gagné un commun de l'humanité qui nous rassemble.

C'est là qu'il faut reconstruire des projets et des camps politiques. C'est là qu'il faut éclairer la civilisation émergente, s'interroger sur la place nouvelle du politique quand c'est la nature qui fait l'histoire. C'est là qu'il faut écrire le récit de la France hybride, selon le mot de la philosophe Gabrielle Halpern[1], c'est là que doit se légitimer la place d'une nouvelle religion en Europe, d'une jeunesse brune biculturelle, d'un engagement puissant du Nord vers le Sud, mais cette fois-ci avec le Sud. C'est en quittant les vieux cadres de la politique de la civilisation du progrès, en parlant de la décivilisation comme d'une voie vers une recivilisation, que le politique peut retrouver sa puissance et son utopie mobilisatrice. Avec chacun, Noir, Blanc ou Brun. Ici.

---

1. Gabrille Halpern, *Tous centaures; éloge de l'hybridation*, Paris, Le Pommier, 2020.

Conclusion

La France de ce début du XXIe siècle n'est pas d'abord face à des problèmes d'ordre public ou de conflit avec un voisin. Cette France est en conflit avec elle-même sur la place qu'elle est prête à faire à une partie de son propre corps social, et elle est en conflit avec sa propre modernité. Une partie du corps social est questionnée, car relevant d'un univers religieux, physique, culturel et mémoriel en partie différent – déjà mis à l'écart à l'époque coloniale. Une part du corps social qui se pense en héritière heureuse d'une histoire où la France comme État se vit en perdante. La guerre d'Algérie, ici, ne nous rassemble pas. Pas plus que les affrontements actuels en Afrique de l'Ouest, ni dans ce que nous appelons « les quartiers ». Les discours récurrents et exacerbés sur l'immigration relèvent largement d'un projet impossible, celui de faire disparaître cette part-là du corps social. Aucun référendum ne fera disparaître le déjà-là, ni ne permettra d'ouvrir les voies de son effacement. Nous ne sommes pas dans les Sudètes après

1945. Le plus explosif étant que cette part-là de nous-mêmes progresse et que la déchristianisation de la France progresse en parallèle.

Cette part de nous-mêmes qui dérange n'est en réalité que la face visible d'une humanité unifiée par les marchandises, le tourisme, le numérique et, de plus en plus, les migrations. La mobilité est la phase visible d'une humanité réunifiée, celle qui, à huit milliards, a mené et gagné la bataille contre le Covid-19, sauvant environ trois cents millions de vies. Cette bataille-là préfigure la grande bataille engagée contre le réchauffement climatique. Bataille que nous mènerons tous ensemble ou pas du tout. Or, dans cette mobilité qui a saisi une humanité qui cherchait à se sédentariser depuis des siècles, les migrations sont un fait social total et majeur. Il y faut du droit, du respect, de la loi, mais le retour à la sédentarité des nations n'aura pas lieu. Nous devons à nouveau vénérer l'hospitalité, comme l'a dit le pape François dans son discours de Marseille le 23 septembre 2023.

Par contre, nous devons penser, et organiser, notre « chez-nous » au milieu de ces mobilités, surtourisme, importations, financiarisation, domination du numérique américain, migrations, etc. Non avec le rêve impossible de fermer nos portes. Mais en ayant des portes, des règles et des stratégies françaises et européennes. On peut déplacer des usines au Sud afin d'y créer de l'emploi pour limiter les migrations, on peut accueillir des étudiants du Sud pour diffuser le savoir scientifique et technologique vers le Sud, on peut utiliser nos bataillons de jeunes biculturels pour fluidifier ces évolutions. Un monde mobile peut négocier ce qui se déplace, et où. Mais il est inutile de rêver au retour des États-nations d'hier.

Ce monde mobile se suicidera et détruira les chances de ses propres enfants s'il ne parvient pas à penser ces évolutions et à en respecter les acteurs. Ici, les leurres inventés pour cacher les corps bruns dans nos périphéries urbaines et sociales sont une erreur dramatique, un contresens du mouvement du monde – dramatique pour les habitants de nos « quartiers », mais plus encore parce cela se voit de « partout » et bloque les plus-values possibles d'une pensée de codéveloppement Afrique-Europe. À chaque jeune tué en France par les forces de l'ordre répondent dans les rues du Maghreb ou d'Afrique de l'Ouest des cris antifrançais et la remémoration des violences des guerres de colonisation et de décolonisation.

Seule une pensée de compromis, c'est-à-dire politique, et de tolérance, c'est-à-dire issue de la fraternité de 1848, peut nous permettre d'avancer. Chacun doit revenir à ces deux sources de l'esthétique démocratique, et ce d'abord en France pour ce qui nous concerne, afin de s'engager dans le projet d'un vivre-ensemble entre tous ses habitants. Mais pour ce faire, il faut enlever les masques et effacer les leurres, il faut donner une place dans l'espace de nos cités à la nouvelle religion implantée en France, il faut métisser les noms de nos rues et de nos places, il faut offrir aux enfants au corps brun des chances égales de faire chemin *chez eux*, c'est-à-dire ici. Sans cacher leur fidélité à deux cultures et à deux territoires. Nous avons quitté l'Algérie, mais sa culture reste en nous comme les autres cultures des pays de Méditerranée et les cultures noires – comme aurait dit Aimé Césaire. Les corps de leurs enfants se sont mêlés avec ceux des nôtres. Geste plus facile avec les femmes qu'avec les hommes, tant le pouvoir, encore largement masculin, craint surtout les hommes différents, plus que les femmes, sujets éternels de désir – et contre qui nous n'avons pas directement combattu. Revoyons le film *RAS*[1]. Sans oublier, cependant, les viols innombrables.

Résumons. Des « quartiers » à transformer en faubourgs dans la plupart des cas, mais aussi en communes à part entière ; la reconnaissance de la légitimité de l'islam comme deuxième religion française à affirmer, même si, à l'intérieur de l'islam il y a en ce moment un mouvement d'islamisme radical qui s'apparente à une forme de fascisme et de volonté guerrière qu'il faut bien connaître, et combattre. Un vent de radicalité culturelle et religieuse parcourt

1. Film d'Yves Boisset sorti en 1973.

cette part de nous-mêmes, comme les affrontements sur l'abaya à l'école nous l'ont encore rappelé. La défense de nos valeurs laïques et européennes devient là sujet de conflit et de refus, la mondialisation culturelle que porte le monde numérique et le poids démographique croissant des anciens mondes colonisés posant en termes nouveaux les rapports de force entre ces différents sujets.

Nous devons faire des jeunes des faubourgs les passeurs entre différents mondes et différentes époques afin qu'ils deviennent un atout pour la société tout entière, aptes à mener la guerre climatique et énergétique dans des pays avec lesquels ils ont des liens. Immense travail pour « faire descendre » la pensée écologique vers le Sud, car, historiquement, la pensée écologique est une pensée qui vient du monde protestant, du Nord. D'ailleurs, elle est très peu présente en Europe du Sud, en Italie, en Grèce et en Espagne. La bataille écologique est une bataille devenue universelle pour diffuser des systèmes de valeurs qui, à l'origine, sont nés dans le monde protestant. Les protestants ont ici joué le rôle de lanceurs d'alerte[1]. Il faut former les jeunes des faubourgs pour ce combat culturel et technique.

On ne peut sortir de la situation actuelle que si on élabore un récit national dans

1. Jean Viard, *Le sacre de la terre*, La Tour-d'Aigues, l'Aube, 2020.

lequel la France postcoloniale s'enrichit de la mémoire de la colonisation et du lien créé avec 350 millions de gens qui sont des locuteurs du français – 700 millions en 2050. L'arrivée d'une nouvelle religion, de nouvelles cultures dans le vieux corps judéo-chrétien de la France doit être vue comme un enrichissement. Les liens à établir ne doivent plus passer d'abord par les États qui ont incarné la colonisation. Dans le monde anglo-saxon, ce lien est porté par de considérables fondations américaines. Dans le monde francophone, ce lien doit être porté par les individus à l'intérieur des diasporas et par les entreprises privées productrices de biens publics.

L'enjeu est de retourner l'argument, de reconnaître qu'on a chez nous une communauté qui va permettre d'avoir une politique vers le Sud, d'aimer sa culture, de la comprendre, de la lire, d'écouter sa musique. Et il faut dire comment une pensée vers les Suds devient celle de la revitalisation de nos propres faubourgs, et comment on en fait des lieux de passage pour un développement de l'économie et de l'écologie, de la révolution numérique qu'on est en train de vivre et de la guerre climatique dans laquelle nous sommes entrés. Le monde est flux plus que stocks, ici comme là-bas, et définitivement. Sauf à mourir de chaud.

La question est donc : allons-nous élargir le récit national, y introduire la communauté afro-méditerranéenne comme un des éléments positifs de la population, de la société, une communauté à part entière ? Une communauté au sujet de laquelle on demanderait : « En quoi vont-ils nous être utiles ? Comment allons-nous leur donner les signes de respect auxquels ils ont droit ? »

Nos sociétés européennes ne sont pas en train de gérer la fin des immigrations industrielles des années soixante et soixante-dix. Elles entrent de plain-pied dans un monde où 450 millions d'Européens vont vivre à côté de 2,5 milliards d'Africains et de 4,5 milliards d'Asiatiques. La domination démographique de l'Occident est terminée. Partout les peuples premiers, ou les peuples migrants, affirment leur identité et leurs droits à la diversité dans des sociétés, de fait, d'hybridité. Et il est fort prévisible que ce sont les sociétés occidentales qui sauront s'appuyer sur cette diversité et cette hybridité qui auront un espace de développement dans ce monde-là.

La solution aux relations entre la France et l'Afrique est très largement en France et en Europe. Comme la solution aux problèmes de drogue est de mener des combats ciblés, mais tolérants et rationnels. La panique idéologique qui anime en ce moment notre société sur ces sujets est mortifère. Haschich, vice du Sud, vice d'Arabe, contre vin et tabac de « chez nous » ? Plantons du haschich en France et en Europe, réglementons, légalisons les dealers dans « leurs » territoires. Séparons, surtout, les marchés pour isoler nos jeunes des drogues plus dures.

Notre capacité, ou non, à « faire français » avec les derniers arrivants joue sur la qualité de vie en France pour eux et pour « nous », mais cela joue aussi dans notre capacité à nous lier à l'Afrique de demain, à parvenir à une culture et une économie de codéveloppement, et donc à limiter les migrations définitives – partant, à rassurer les Français et les Européens sur « le grand remplacement ». L'extrême droite progresse d'abord sur des questions identitaires chez ceux qui se sentent mis en marge par la mondialisation économique. Il faut la combattre par un humanisme renforcé et une stratégie sociale et économique de codéveloppement. Chacun d'entre nous a sa part de droite, portée par l'identité, et sa part de gauche, portée par l'humanisme et l'amélioration des conditions de vie. C'est le silence assourdissant de cette deuxième part de nous-mêmes qui laisse le champ libre aux extrêmes droites multiples.

Les minorités afro-méditerranéennes françaises et européennes ne sont pas forcément les avant-gardes d'un immense envahissement. Et si cela était, ce serait « de notre faute », dû à notre irresponsabilité historique et à notre mauvaise compréhension d'un monde lancé en commun dans l'immense guerre climatique.

C'est en s'ouvrant au Sud chez nous que nous pourrons codévelopper l'Afrique et l'Europe. C'est en faisant des jeunes biculturels un point d'appui et un point de force par l'ouverture culturelle et humaniste de notre propre société que nous pourrons construire les liens de demain avec un monde où nous serons minoritaires en nombre physiquement et culturellement, mais où notre science, notre technologie, nos firmes et notre éducation seront nos forces réelles. Pour faire image, on peut dire que l'avenir de l'Occident, comme hier celui de l'Empire romain sous Constantin, est plus dans la culture et les valeurs que dans les armées et les frontières. Rome n'était plus alors dans Rome, mais dans le christianisme.

Comme notre avenir est aujourd'hui d'abord dans nos valeurs, notre créativité, nos savoirs, savoir-être et savoir-faire. Ce qu'André Malraux appelait culture, qui « est l'héritage de la noblesse du monde[1] ». Ce que nous n'avons pas respecté hier en Afrique en ne faisant pas des autochtones des citoyens, en n'investissant pas dans l'école pour les enfants de couleur et, en 1945, en ayant fait tirer par la troupe sur ceux qui demandaient la simple application à leurs propres pays des valeurs pour lesquelles ils avaient combattu à nos côtés durant la

1. Propos tenus par Malraux, alors ministre d'État chargé des Affaires culturelles, pendant un déplacement au Québec, le 11 octobre 1963.

Seconde Guerre mondiale – à Madagascar, au Viêt-nam et à Sétif. Enfin, en ne rapatriant pas une partie de nos propres soldats en 1962, parce que musulmans. Il est temps d'introduire dans ce cercle de valeurs républicaines, celles de 1789, de Valmy et de 1848, les descendants des colonisés d'hier pour préparer le monde de demain. Sinon, en continuant à les marginaliser, nous préparons la guerre.

En effet, ce que font nos politiques quotidiennes de sécurité en dessinant une fine ligne de séparation entre les corps classés par couleur et par genre, est un danger de mort pour nos propres enfants. Non seulement cela bride, et parfois brise, la vie de cette jeunesse brune, mais beaucoup plus grave pour « nous », cela préfigure notre écrasement dans un monde postoccidental. Il est encore temps de réussir en France, en Europe, ce que nous avons lamentablement raté dans nos colonies, c'est-à-dire l'application de nos valeurs républicaines, laïques et citoyennes – et particulièrement en Algérie où nous avions décrété que « c'était la France » –, mais pas pour tous. Nous ne sommes pas obligés de répéter cette erreur mortelle dans nos dits « quartiers ». Décrétons que « c'est la France » partout dans l'Hexagone.

Et cette fois-ci, réussissons.

Table des matières

Du même auteur

La campagne inventée, avec Michel Marié, Actes Sud, 1977
La dérive des territoires, Actes Sud, 1981
Penser les vacances, Actes Sud, 1984
Le tiers espace. Essai sur la nature, Méridiens-Klincksieck, 1990*
La société d'archipel, l'Aube, 1994
Marseille, une ville impossible, Payot, 1995
Au bonheur des campagnes, avec Bertrand Hervieu, l'Aube, 1996*
La France qui change : pourquoi les travailleurs votent FN, Seuil, 1997*
Court traité sur les vacances, les voyages et l'hospitalité des lieux, l'Aube, 2000
L'archipel paysan, la fin de la république agricole, avec Bertrand Hervieu, l'Aube, 2001*
Le sacre du temps libre, la société des trente-cinq heures, l'Aube, 2002
Le nouvel âge du politique, l'Aube, 2004*
Éloge de la mobilité. Essai sur le capital temps libre et la valeur travail, l'Aube, 2006*
Le Président a promis, dir., Seuil, 2007
Fragments d'identité française, l'Aube, 2009
Nouveau portrait de la France, l'Aube, 2012*
La France dans le monde qui vient, l'Aube, 2013*

Marseille, le réveil violent d'une ville impossible, l'Aube, 2014
Toulon, ville discrète, l'Aube, 2014
Remettre le poireau à l'endroit ?, avec Jean Blaise, l'Aube, 2015
Le triomphe d'une utopie, l'Aube, 2015*
Le moment est venu de penser à l'avenir, l'Aube, 2016*
Quand la Méditerranée nous submerge, l'Aube, 2017*
Chronique française, de Mitterrand à Macron, l'Aube, 2018
Une société si vivante, l'Aube, 2018*
L'implosion démocratique, l'Aube, 2019*
Un nouvel âge jeune ? (avec la Fondation Jean-Jaurès), l'Aube, 2019
Le sacre de la terre, avec Michel Marié et Bertrand Hervieu, l'Aube, 2020
La page blanche, l'Aube, 2020
La révolution qu'on attendait est arrivée, l'Aube 2021*
L'an zéro du tourisme, avec David Medioni, l'Aube, 2022*
Un juste regard, l'Aube, 2023

* Également disponible aux éditions de l'Aube en format poche ou semi-poche

Pour limiter l'empreinte environnementale
de leurs livres, les éditions de l'Aube
font le choix de papiers issus de forêts
durablement gérées et de sources contrôlées.

Achevé d'imprimer en janvier 2024
sur les presses de l'imprimerie Firmin-Didot
pour le compte des éditions de l'Aube
331, rue Amédée-Giniès, F-84240 La Tour-d'Aigues

Numéro d'édition : 5901
Dépôt légal : février 2024
N° d'impression : 177893

Imprimé en France